Gebrüder Grimm

Es war einmal

Neue und klassische Märchen

Poppy J. Anderson, Noah Fitz,
Friedrich Kalpenstein, Iny Lorentz, Halo Summer

TINTE
&
FEDER

GEBRÜDER GRIMM

Es war einmal

Neue und klassische Märchen

Das Buch

Die schönsten Märchen der Gebrüder Grimm: die beliebtesten Klassiker und fünf neu interpretierte Märchen mit Einleitungen bekannter Lesebotschafter.

Lesen ist ein Geschenk: Seit Jahrhunderten bezaubern die Märchen der Gebrüder Grimm Kinder und Erwachsene gleichermaßen. In diesem liebevoll illustrierten Buch sind die bekanntesten Klassiker versammelt, von Aschenputtel über Schneewittchen bis zu Rapunzel. Auch fünf neue Märchen voller Zeitgeist, geschrieben von Bestsellerautoren wie Iny Lorentz und Poppy J. Anderson, folgen den Spuren der Gebrüder Grimm. Das Besondere an diesem (Vor-)Leseschatz: Prominente Lesebotschafter, unter anderem Joey Kelly, Olivia Jones und Jens Lehmann, erzählen einleitend, was das jeweilige Märchen für sie bedeutet und warum es sie bis heute durchs Leben begleitet hat.

Deutsche Erstveröffentlichung bei
Tinte & Feder, Amazon Media EU S.à r.l.
38, avenue John F. Kennedy, L-1855 Luxembourg
September 2019
Copyright © der deutschsprachigen Ausgabe 2019
By
Poppy J. Anderson
Noah Fitz
Friedrich Kalpenstein
Iny Lorentz
Halo Summer

Umschlaggestaltung: bürosüd⁰ München, www.buerosued.de
Illustrationen und Lettering: Alison Carmichael, Chervelle Fryer und Kitchen,
repräsentiert von Jelly London
Bildrechte:
© Itsmesimon / Shutterstock; © janniwet / Shutterstock; © udovichenko / Shutterstock
Ralf Kleber: © Amazon
Dr. Jörg F. Maas: © Stiftung Lesen / Alexander Sell
Joey Kelly: © Thomas Stachelhaus
Steffen Henssler: © Philipp Rathmer
Birgit Schrowange: © Kevin Koelker
Nazan Eckes: © Immo Fuchs / BU Management
Friedrich Kalpenstein: © Friedrich Kalpenstein
Ingo Nommsen: © ZDF / Jens van Zoest
Peter Kloeppel: © MG RTL D
Iny Lorentz: © Fotostudio Berger Poing
Olivia Jones: © Jack'tin
Palina Rojinski: © Jeanne Degraa
Poppy J. Anderson: © Sonja Hillebrand
Jens Lehmann: © Ruprecht Stempell
Annette Frier: © Mathias Bothor
Frauke Ludowig: © Nadine Dilly
Halo Summer: © Halo Summer
Lektorat: Lena Woitkowiak und Verlag Lutz Garnies, Haar bei München, www.vlg.de
Korrektorat und Satz: Verlag Lutz Garnies, Haar bei München, www.vlg.de
Schlussredaktion: Rainer Schöttle / DRSVS
Gedruckt durch: CPI books GmbH, Birkstraße 10, 25917 Leck

ISBN 978-2-49670-179-1

www.amazon.de/Märchenbuch

INHALTSVERZEICHNIS

iebe Leserinnen und Leser,

die Abende, an denen uns unsere Eltern oder Großeltern Märchen vorlasen, liegen Jahrzehnte zurück. Und doch haben sich die Geschichten von damals eingeprägt, als sprächen wir von heute. Wie Schneewittchen erwacht und den Prinzen heiratet, wie Rotkäppchen aus dem Bauch des Wolfes befreit wird, wie Gretel die Hexe in den Ofen schiebt, um Hänsel zu retten: Daran erinnerten wir uns, als wir dieses Vorwort entwarfen. Während viele Bilder aus unserer Kindheit verblasst sind, bleibt das Erlebnis dieser Märchen ein Geschenk, das nicht vergeht.

Ähnlich sehen es auch prominente Lesebotschafter wie Nazan Eckes, Annette Frier, Steffen Henssler und viele mehr, die auf den folgenden Seiten ihre Erinnerungen mit uns teilen. »Märchen legten somit den Grundstein für meine Liebe zu Büchern«, schreibt dort die Autorin Poppy J. Anderson, die uns mit einer von fünf neu geschriebenen Geschichten verzaubert. Sie umreißt damit zugleich das Ziel dieses Buches und der Zusammenarbeit von Amazon und Stiftung Lesen: Begeisterung für das Lesen zu wecken.

Erwachsene können hier einen neuen Blick auf längst bekannte Texte gewinnen. Aber gerade Kindern wünschen wir: Versinkt in den Geschichten. Folgt den Figuren in ihre Welten. Erlebt mit Familie und Freunden Momente, die für immer bleiben.

Dr. Jörg F. Maas
Hauptgeschäftsführer
Stiftung Lesen

Ralf Kleber
Country Manager
Amazon.de

Rapunzel

Alle Kinder der Kelly Family hatten damals lange Haare, und wir trugen meistens sogar Zöpfe. Deshalb erinnert mich das Märchen daran, wie wir früher waren.

Somit könnte Rapunzel auch eine Schwester von uns sein. Sie wäre dann, statt in einem Turm zu leben, mit uns durch die Welt getingelt und hätte Musik gemacht. Abends hätte unsere Mutter auch ihr Märchen vorgelesen, so wie sie es bei uns immer gemacht hat.

»Rapunzel« ist ein spannendes Märchen mit vielen versteckten Botschaften. Ich kann mir gut vorstellen, dass es Kinder heute noch genauso aufregend finden wie ich damals. Diese und andere fantasievolle Geschichten machen neugierig und regen an, selbst solche wundervollen Erzählungen zu lesen.

s waren einmal ein Mann und eine Frau, die wünschten sich schon lange vergeblich ein Kind. Endlich machte sich die Frau Hoffnung, der liebe Gott werde ihren Wunsch erfüllen. Die Leute hatten in ihrem Hinterhaus ein kleines Fenster, daraus konnte man in einen prächtigen Garten sehen, der voll der schönsten Blumen und Kräuter stand; er war aber von einer hohen Mauer umgeben, und niemand wagte hineinzugehen, weil er einer Zauberin gehörte, die große Macht hatte und von aller Welt gefürchtet wurde.

Eines Tages stand die Frau an diesem Fenster und sah in den Garten hinab; da erblickte sie ein Beet, das mit den schönsten Rapunzeln bepflanzt war, und sie sahen so frisch und grün aus, dass sie große Lust bekam, von den Rapunzeln zu essen. Das Verlangen nahm jeden Tag zu, und da sie wusste, dass sie keine davon bekommen konnte, wurde sie ganz schwach, sah blass und elend aus. Da erschrak der Mann und fragte: »Was fehlt dir, liebe Frau?« »Ach«, antwortete sie, »wenn ich keine Rapunzeln aus dem Garten hinter unserm Hause zu essen kriege, so sterbe ich.« Der Mann, der sie lieb hatte, dachte: »Eh du deine Frau sterben lässt, holst du ihr von den Rapunzeln, es mag kosten, was es will.« In der Abenddämmerung stieg er also über die Mauer in den Garten der Zauberin, stach in aller Eile eine Handvoll Rapunzeln und brachte sie seiner Frau. Sie machte sich sogleich Salat daraus und aß ihn voller Begierde auf. Sie hatten ihr aber so ungemein gut geschmeckt, dass sie am anderen Tag noch dreimal so viel Lust bekam. Damit sie Ruhe gab, musste der Mann noch einmal in den Garten steigen. Er machte sich also in der Abenddämmerung wieder auf den Weg; als er aber die Mauer hinabgeklettert war, erschrak er gewaltig, denn er sah die Zauberin vor sich stehen. »Wie kannst du es wagen«, sprach sie mit zornigem Blick, »in meinen Garten zu steigen und wie ein Dieb mir meine Rapunzeln zu stehlen? Das soll dir schlecht bekommen.« »Ach«, antwortete er, »lasst Gnade vor Recht ergehen, ich habe mich nur aus Not dazu entschlossen: Meine Frau hat Eure Rapunzeln aus dem Fenster erblickt und empfindet so großes Verlangen danach, dass sie sterben würde, wenn sie nicht davon zu essen bekäme.« Da ließ die Zauberin in ihrem Zorne nach und sprach zu ihm: »Verhält es sich so, wie du sagst, so will ich dir gestatten, Rapunzeln mitzunehmen, so viel du willst, allein, ich stelle eine Bedingung: Du musst mir das Kind geben, das deine Frau bekommen wird. Es soll ihm gut gehen, und ich will für es sorgen wie eine Mutter.« Der Mann sagte in der Angst alles zu, und als die Frau das Kind zur Welt gebracht hatte, erschien sogleich die Zauberin, gab dem Kinde den Namen Rapunzel und nahm es mit sich fort.

Rapunzel wurde das schönste Kind unter der Sonne. Als es zwölf Jahre alt war, schloss es die Zauberin in einen Turm, der in einem Walde lag und weder Treppe noch Tür hatte; nur ganz oben war ein winziges Fensterchen. Wenn die Zauberin hineinwollte, so stellte sie sich unten hin und rief:

»Rapunzel, Rapunzel,

lass mir dein Haar herunter.«

Rapunzel hatte lange, prächtige Haare, fein wie gesponnenes Gold. Wenn sie nun die Stimme der Zauberin vernahm, so band sie ihre Zöpfe los, wickelte sie oben um einen Fensterhaken, und dann fielen die Haare zwanzig Ellen tief hinunter, und die Zauberin stieg daran hinauf.

Nach ein paar Jahren trug es sich zu, dass der Sohn des Königs durch den Wald ritt und an dem Turm vorüberkam. Da hörte er einen Gesang, der war so lieblich, dass er innehielt und horchte. Das war Rapunzel, die in ihrer Einsamkeit sich die Zeit damit vertrieb, ihre süße Stimme erschallen zu lassen. Der Königssohn wollte zu ihr hinaufsteigen und suchte nach einer Tür des Turms, aber es war keine zu finden. Er ritt heim,

doch der Gesang hatte ihm so sehr das Herz gerührt, dass er von da an jeden Tag hinaus in den Wald ging und zuhörte. Als er einmal so hinter einem Baum stand, sah er, wie die Zauberin herankam, und hörte, wie sie hinaufrief:

»Rapunzel, Rapunzel,
lass mir dein Haar herunter.«

Da ließ Rapunzel die Haarflechten herab, und die Zauberin stieg zu ihr hinauf. »Ist das die Leiter, auf welcher man hinaufkommt«, dachte der Königssohn bei sich, »so will ich auch einmal mein Glück versuchen.« Und am folgenden Tag, als es anfing, dunkel zu werden, ging er zu dem Turme und rief:

»Rapunzel, Rapunzel,
lass mir dein Haar herunter.«

Alsbald fielen die Haare herab, und der Königssohn stieg hinauf.

Anfangs erschrak Rapunzel gewaltig, als ein Mann zu ihr hereinkam, wie ihre Augen noch nie einen erblickt hatten. Doch der Königssohn fing an, ganz freundlich mit ihr zu reden, und erzählte ihr, dass sein Herz von ihrem Gesang so sehr bewegt

worden sei, dass es ihm keine Ruhe gelassen habe und er sie selbst habe sehen müssen. Da verlor Rapunzel ihre Angst, und als er sie fragte, ob sie ihn zum Manne nehmen wolle, und sie sah, dass er jung und schön war, dachte sie: »Der wird mich lieber haben als die alte Frau Gothel«, und sie sagte Ja und legte ihre Hand in seine. Sie sprach: »Ich will gerne mit dir gehen, aber ich weiß nicht, wie ich hinabkommen kann. Wenn du kommst, so bring jedes Mal einen Strang Seide mit, daraus will ich eine Leiter flechten, und wenn die fertig ist, so steige ich hinunter, und du nimmst mich auf dein Pferd.« Sie verabredeten, dass er bis dahin alle Abende zu ihr kommen sollte, denn bei Tag kam die Alte. Die Zauberin merkte auch nichts davon, bis einmal Rapunzel anfing und zu ihr sagte: »Sag mir doch, Frau Gothel, wie kommt es nur, du bist mir viel schwerer heraufzuziehen als der junge Königssohn; der ist in einem Augenblick bei mir.« »Ach, du gottloses Kind«, rief die Zauberin, »was muss ich von dir hören; ich dachte, ich hätte dich vor aller Welt verborgen, und du hast mich doch betrogen!« In ihrem Zorne packte sie die schönen Haare von Rapunzel, schlug sie ein paarmal um ihre linke Hand, griff eine Schere mit der rechten, und ritsch, ratsch, waren sie abgeschnitten, und die schönen Flechten lagen auf der Erde. Und sie war so unbarmherzig, dass sie die arme Rapunzel in eine Wüste brachte, wo sie in großem Jammer und Elend leben musste.

Am selben Tag aber, an dem sie Rapunzel verstoßen hatte, machte die Zauberin abends die abgeschnittenen Flechten oben am Fensterhaken fest, und als der Königssohn kam und rief:

»Rapunzel, Rapunzel,
lass mir dein Haar herunter«,

so ließ sie die Haare hinab. Der Königssohn stieg hinauf, aber er fand oben nicht seine liebste Rapunzel, sondern die Zauberin, die ihn mit bösen und giftigen Blicken ansah. »Aha«, rief sie höhnisch, »du willst die Frau Liebste holen, aber der schöne Vogel sitzt nicht mehr im Nest und singt nicht mehr, die Katze hat ihn geholt und wird dir auch noch die Augen auskratzen. Für dich ist Rapunzel verloren, du wirst sie nie wieder erblicken.« Der Königssohn geriet außer sich vor Schmerz, und in der Verzweiflung sprang er vom Turm hinab: Das Leben brachte er davon, aber die Dornen, in die er fiel, zerstachen ihm die Augen. Da irrte er blind im Walde umher, aß nichts als Wurzeln und Beeren und tat nichts als jammern und weinen über den Verlust seiner liebsten Frau. So wanderte er einige Jahre im Elend umher und geriet endlich in die Wüste, wo Rapunzel mit den Zwillingen, die sie geboren hatte, einem Knaben und einem Mädchen, kümmerlich lebte. Er vernahm eine Stimme, und sie kam ihm so bekannt vor. Da ging er darauf zu, und wie er herankam, erkannte ihn Rapunzel und fiel ihm um den Hals und weinte. Zwei ihrer Tränen aber benetzten seine Augen, da wurden sie wieder klar, und er konnte damit sehen wie einst. Er führte sie in sein Reich, wo er mit Freude empfangen wurde, und sie lebten noch lange glücklich und vergnügt.

Das tapfere Schneiderlein

Ich bin mit Märchen groß geworden und Märchenfan geblieben. Für mich sind die Gebrüder Grimm ein Muss, und »Das tapfere Schneiderlein« ist ein echter Klassiker, den man kennen sollte. Märchen sind für mich so interessant, weil man »die Moral« der Geschichten häufig auch auf andere Situationen übertragen kann. Dieses Märchen zeigt zum Beispiel, dass man alles schaffen kann, wenn man seinen Weg konsequent und hartnäckig verfolgt. Das Schneiderlein trickst natürlich ziemlich häufig – das sollte sich im wahren Leben in Grenzen halten.

n einem Sommermorgen saß ein Schneiderlein auf seinem Tisch am Fenster, war guter Dinge und nähte aus Leibeskräften. Da kam eine Bauersfrau die Straße herab und rief: »Gutes Mus zu verkaufen! Gutes Mus zu verkaufen!« Das klang dem Schneiderlein lieblich in den Ohren, er steckte seinen Kopf zum Fenster hinaus und rief: »Hier herauf, liebe Frau, hier wird sie ihre Ware los.« Die Frau stieg die drei Stufen mit ihrem schweren Korbe zu dem Schneider hinauf und musste alle die Töpfe vor ihm auspacken. Er besah sie alle, hob sie in die Höhe, hielt die Nase dran und sagte endlich: »Das Mus scheint mir gut, wieg mir doch vier Löffel voll ab, liebe Frau, wenn's auch ein Viertelpfund ist, kommt es mir nicht darauf an.« Die Frau, welche gehofft hatte, einen guten Absatz zu finden, gab ihm, was er verlangte, ging aber ganz ärgerlich und brummig fort. »Nun, das Mus soll mir Gott segnen«, rief das Schneiderlein, »und soll mir Kraft und Stärke geben.« Es holte das Brot aus dem Schrank, schnitt sich ein Stück über den ganzen Laib und strich das Mus darauf. »Das wird nicht

bitter schmecken«, sprach es, »aber erst will ich die Jacke fertig machen, eh ich abbeiße.« Es legte das Brot neben sich, nähte weiter und machte vor Freude immer größere Stiche.

Indes stieg der Geruch von dem süßen Mus hinauf an die Wand, wo die Fliegen in großer Menge saßen, sodass sie herangelockt wurden und sich scharenweise darauf niederließen. »Ei, wer hat euch eingeladen?«, sprach das Schneiderlein und jagte die ungebetenen Gäste fort. Die Fliegen aber, die keine Sprache verstanden, ließen sich nicht abweisen, sondern kamen in immer größerer Gesellschaft wieder. Da lief dem Schneiderlein endlich, wie man sagt, die Laus über die Leber, es langte nach einem Lappen, und mit den Worten »Wartet nur, ich will es euch geben!« schlug es unbarmherzig drauf. Als es das Tuch abzog und zählte, so lagen nicht weniger als sieben Fliegen tot vor ihm und streckten die Beine. »Bist du so ein Kerl?«, sprach er und musste selbst seine Tapferkeit bewundern, »das soll die ganze Stadt erfahren.« Und eilig schnitt sich das Schneiderlein einen Gürtel, nähte ihn und stickte mit großen Buchstaben darauf: »Sieben auf einen Streich!« »Ei, warum nur die Stadt«, sprach es weiter, »die ganze Welt soll's erfahren!« Und sein Herz wackelte ihm vor Freude wie ein Lämmerschwänzchen.

Der Schneider band sich den Gürtel um den Leib und wollte in die Welt hinaus, weil er meinte, die Werkstätte sei zu klein für seine Tapferkeit. Eh er abzog, suchte er im Haus herum, ob nichts da wäre, was er mitnehmen könnte; er fand aber nichts als einen alten Käse, den steckte er ein. Vor dem Tore bemerkte er einen Vogel, der sich im Gesträuch gefangen hatte; der musste zu dem Käse in die Tasche.

Nun machte er sich tapfer auf den Weg, und weil er leicht und flink war, fühlte er keine Müdigkeit. Der Weg führte ihn auf einen Berg, und als er den höchsten Gipfel erreicht hatte, so saß da ein gewaltiger Riese und schaute sich ganz gemächlich um. Das Schneiderlein ging beherzt auf ihn zu, redete ihn an und sprach: »Guten Tag, Kamerad, nicht wahr, du sitzt da und besiehst dir die weitläufige Welt? Ich bin eben auf dem Wege dahin und will mich versuchen. Hast du Lust, mitzugehen?« Der Riese sah den Schneider verächtlich an und sprach: »Du Lump! Du miserabler Kerl!« »Das glaubst du!«, antwortete das Schneiderlein, knöpfte den Rock auf und zeigte dem Riesen den Gürtel. »Da kannst du lesen, was ich für ein Mann bin.« Der Riese las »Sieben auf einen Streich«, meinte, es seien Menschen gewesen, die der Schneider erschlagen hätte, und kriegte ein wenig Respekt vor dem kleinen Kerl. Doch er wollte ihn erst prüfen, nahm einen Stein in die Hand und drückte ihn zusammen, dass das Wasser heraustropfte. »Das mach mir nach«, sprach der Riese, »wenn du Stärke hast.« »Ist's weiter nichts?«, sagte das Schneiderlein, »das ist für mich ein Kinderspiel«, griff in die Tasche, holte den weichen Käse und drückte ihn, dass der Saft herauslief. »Nicht wahr«, sprach er, »das war ein wenig besser?« Der Riese wusste nicht, was er sagen sollte, und konnte es von dem Männlein nicht glauben. Da hob der Riese einen Stein auf und warf ihn so hoch, dass man ihn mit Augen kaum noch sehen konnte, und sagte: »Nun, du Erpelmännchen, das mach mir nach.« »Gut geworfen«, erwiderte der Schneider, »aber der Stein hat doch wieder zur Erde herabfallen müssen; ich will dir einen werfen, der soll gar nicht wiederkommen«, griff in die Tasche, nahm den Vogel und warf ihn in die Luft. Der Vogel, froh über seine Freiheit, stieg auf, flog fort und kam nicht wieder. »Wie gefällt dir das Kunststückchen, Kamerad?«, fragte der Schneider. »Werfen kannst du wohl«, sagte der Riese, »aber nun wollen wir sehen, ob du imstande bist, etwas

Ordentliches zu tragen.« Er führte das Schneiderlein zu einem mächtigen Eichbaum, der da gefällt auf dem Boden lag, und sagte: »Wenn du stark genug bist, so hilf mir, den Baum aus dem Walde hinauszutragen.« »Gerne«, antwortete der kleine Mann, »nimm du nur den Stamm auf deine Schulter, ich will die Äste mit dem Gezweig aufheben und tragen, das ist doch das Schwerste.« Der Riese nahm den Stamm auf die Schulter, der Schneider aber setzte sich auf einen Ast, und der Riese, der sich nicht umsehen konnte, musste den ganzen Baum und das Schneiderlein noch obendrein forttragen. Es war da hinten ganz lustig und guter Dinge, pfiff das Liedchen »Es ritten drei Schneider zum Tore hinaus«, als wäre das Baumtragen ein Kinderspiel. Nachdem er ein Stück Wegs die schwere Last fortgeschleppt hatte, konnte der Riese nicht weiter und rief: »Hör, ich muss den Baum fallen lassen.« Der Schneider sprang flink herab, fasste den Baum mit beiden Armen, als wenn er ihn getragen hätte, und sprach zum Riesen: »Du bist ein so großer Kerl und kannst den Baum nicht einmal tragen.«

Sie gingen zusammen weiter, und als sie an einem Kirsch-
baum vorbeikamen, fasste der Riese die Krone des Baums, wo
die reifsten Früchte hingen, bog sie herab, gab sie dem Schneider
in die Hand und sagte zu ihm, er solle essen. Das Schneiderlein
aber war viel zu schwach, um den Baum zu halten, und als der
Riese losließ, fuhr der Baum in die Höhe, und der Schneider
wurde mit in die Luft gerissen. Als er ohne Schaden wieder
herabgefallen war, sprach der Riese: »Was ist das, hast du nicht
die Kraft, den schwachen Stock zu halten?« »An der Kraft fehlt
es nicht«, antwortete das Schneiderlein, »meinst du, das wäre
etwas für einen, der sieben mit einem Streich getroffen hat?
Ich bin über den Baum gesprungen, weil die Jäger da unten
in das Gebüsch schießen. Spring nach, wenn du's vermagst.«
Der Riese machte den Versuch, konnte aber nicht über den
Baum kommen, sondern blieb in den Ästen hängen, sodass das
Schneiderlein auch hier die Oberhand behielt.

Der Riese sprach: »Wenn du ein so tapferer Kerl bist, so
komm mit in unsere Höhle und übernachte bei uns.« Das

Schneiderlein war bereit und folgte ihm. Als sie in der Höhle an-
langten, saßen da noch andere Riesen beim Feuer, und jeder hatte
ein gebratenes Schaf in der Hand und aß davon. Das Schneiderlein sah sich um und dachte: »Es ist doch hier viel größer als in
meiner Werkstatt.« Der Riese zeigte ihm ein Bett und sagte, er
solle sich hineinlegen und ausschlafen. Dem Schneiderlein war
aber das Bett zu groß, und es legte sich nicht hinein, sondern
kroch in eine Ecke. Als es Mitternacht war und der Riese meinte, das Schneiderlein liege in tiefem Schlafe, stand er auf, nahm
eine große Eisenstange, schlug das Bett mit einem Schlag durch
und meinte, er habe dem Grashüpfer den Garaus gemacht. Am
frühen Morgen gingen die Riesen in den Wald und hatten das
Schneiderlein ganz vergessen, da kam es auf einmal ganz lustig
und verwegen dahergeschritten. Die Riesen erschraken, fürchteten, es schlüge sie alle tot, und liefen in einer Hast fort.

Das Schneiderlein zog weiter, immer seiner spitzen Nase
nach. Nachdem es lange gewandert war, kam es in den Hof
eines königlichen Palastes, und da es Müdigkeit empfand, so

legte es sich ins Gras und schlief ein. Während es da lag, kamen die Leute, betrachteten es von allen Seiten und lasen auf dem Gürtel »Sieben auf einen Streich«. »Ach«, sprachen sie, »was will der große Kriegsheld hier mitten im Frieden? Das muss ein mächtiger Herr sein.« Sie gingen, meldeten es dem König und meinten, wenn Krieg ausbrechen sollte, wäre das ein wichtiger und nützlicher Mann, den man um keinen Preis fortlassen dürfe. Dem König gefiel der Rat, und er schickte einen von seinen Hofleuten zu dem Schneiderlein; der sollte ihm, wenn es aufgewacht wäre, Kriegsdienste anbieten. Der Abgesandte blieb bei dem Schläfer stehen, wartete, bis er seine Glieder streckte und die Augen aufschlug, und brachte dann seinen Antrag vor. »Ebendeshalb bin ich hierhergekommen«, antwortete er, »ich bin bereit, in des Königs Dienste zu treten.« Also wurde er ehrenvoll empfangen und ihm eine besondere Wohnung gegeben.

Die Kriegsleute aber hatten Angst vor dem Schneiderlein bekommen und wünschten, es wäre tausend Meilen weit weg. »Was soll daraus werden?«, sprachen sie untereinander, »wenn

wir Zank mit ihm kriegen und er haut zu, so fallen auf jeden Streich sieben. Da kann unsereiner nicht bestehen.« Also fassten sie einen Entschluss, begaben sich allesamt zum König und baten um ihren Abschied. »Wir sind nicht gemacht«, sprachen sie, »neben einem Mann auszuhalten, der sieben auf einen Streich erschlägt.« Der König war traurig, dass er um des einen willen alle seine treuen Diener verlieren sollte, wünschte, dass seine Augen ihn nie gesehen hätten, und wäre ihn gerne wieder

los gewesen. Aber er getraute sich nicht, ihm den Abschied zu geben, weil er fürchtete, er könnte ihn samt seinem Volke totschlagen und sich auf den königlichen Thron setzen. Er überlegte lange hin und her, endlich fand er einen Rat. Er schickte einen Boten zu dem Schneiderlein und ließ ihm sagen, weil er ein so großer Kriegsheld sei, so wolle er ihm ein Angebot machen. In einem Walde seines Landes hausten zwei Riesen, die mit Rauben, Morden und Brennen großen Schaden stifteten; und niemand könne sich ihnen nähern, ohne sich in Lebensgefahr zu begeben. Wenn er diese beiden Riesen besiege und töte, so wolle er ihm seine einzige Tochter zur Gemahlin geben und das halbe Königreich zur Ehesteuer; auch sollten hundert Reiter mit ihm ziehen und ihm Beistand leisten. »Das wäre etwas für einen Mann, wie du bist«, dachte das Schneiderlein, »eine schöne Königstochter und ein halbes Königreich werden einem nicht alle Tage angeboten.« »O ja«, gab er zur Antwort, »die Riesen will ich schon bändigen und habe die hundert Reiter dabei nicht nötig: Wer sieben auf einen Streich trifft, braucht sich vor zweien nicht zu fürchten.«

Das Schneiderlein zog aus, und die hundert Reiter folgten ihm. Als es zu dem Rand des Waldes kam, sprach es zu seinen Begleitern: »Bleibt hier nur stehen, ich will schon allein mit den Riesen fertigwerden.« Dann sprang es in den Wald hinein und schaute sich rechts und links um. Nach einem Weilchen erblickte es beide Riesen: Sie lagen unter einem Baume und schliefen und schnarchten dabei, dass sich die Äste auf und nieder bogen. Das Schneiderlein, nicht faul, sammelte beide

Taschen voll Steine und stieg damit auf den Baum. Als es in der Mitte war, rutschte es auf einem Ast voran, bis es gerade über den Schläfern zu sitzen kam, und ließ dem einen Riesen einen Stein nach dem anderen auf die Brust fallen. Der Riese spürte lange nichts, doch endlich wachte er auf, stieß seinen Gesellen an und sprach: »Was schlägst du mich?« »Du träumst«, sagte der andere, »ich schlage dich nicht.« Sie legten sich wieder zum Schlaf, da warf der Schneider auf den zweiten einen Stein hinab. »Was soll das?«, rief der andere, »warum bewirfst du mich?« »Ich bewerfe dich nicht«, antwortete der erste und brummte. Sie zankten sich eine Weile herum, doch weil sie müde waren,

ließen sie's gut sein, und die Augen fielen ihnen wieder zu. Das Schneiderlein fing sein Spiel von Neuem an, suchte den dicksten Stein aus und warf ihn dem ersten Riesen mit aller Gewalt auf die Brust. »Das ist zu arg!«, schrie der, sprang wie ein Unsinniger auf und stieß seinen Gesellen gegen den Baum, dass dieser erzitterte. Der andere zahlte mit gleicher Münze zurück, und sie gerieten in solche Wut, dass sie Bäume ausrissen, aufeinander losschlugen, so lange, bis sie endlich beide zugleich tot auf die Erde fielen. Nun sprang das Schneiderlein hinab. »Ein Glück nur«, sprach es, »dass sie den Baum, auf dem ich saß, nicht ausgerissen haben, sonst hätte ich wie ein Eichhörnchen auf einen anderen springen müssen!« Es zog sein Schwert und versetzte jedem ein paar tüchtige Hiebe in die Brust, dann ging es hinaus zu den Reitern und sprach: »Die Arbeit ist getan, ich habe beiden den Garaus gemacht; aber hart ist es hergegangen, sie haben in der Not Bäume ausgerissen und sich gewehrt, doch das hilft alles nichts, wenn einer kommt wie ich, der sieben

auf einen Streich erschlägt.« »Seid Ihr denn nicht verwundet?«, fragten die Reiter. »Mir ist nichts geschehen«, antwortete der Schneider, »kein Haar haben sie mir gekrümmt.« Die Reiter wollten ihm keinen Glauben schenken und ritten in den Wald hinein; da fanden sie die Riesen in ihrem Blute liegend, und ringsherum lagen die ausgerissenen Bäume.

Das Schneiderlein verlangte von dem König die versprochene Belohnung, den aber reute sein Versprechen, und er sann aufs Neue, wie er sich den Helden vom Halse schaffen könnte. »Ehe du meine Tochter und das halbe Reich erhältst«, sprach er zu ihm, »musst du noch eine Heldentat vollbringen. In dem Walde läuft ein Einhorn herum, das großen Schaden anrichtet, das musst du erst einfangen.« »Vor einem Einhorne fürchte ich mich noch weniger als vor zwei Riesen; sieben auf einen Streich, das ist meine Sache.« Er nahm sich einen Strick und eine Axt mit, ging hinaus in den Wald und ließ abermals die Männer, welche ihm zugeordnet waren, draußen warten. Er brauchte nicht lange zu suchen, das Einhorn kam bald daher und sprang geradezu auf den Schneider los, als wollte es ihn

ohne Umstände aufspießen. »Sachte, sachte«, sprach er, »so geschwind geht das nicht«, blieb stehen und wartete, bis das Tier ganz nahe war, dann sprang er rasch hinter einen Baum. Das Einhorn rannte mit aller Kraft gegen den Baum und spießte sein Horn so fest in den Stamm, dass es nicht genug Kraft hatte, es wieder herauszuziehen, und so war es gefangen. »Jetzt hab ich das Vöglein«, sagte der Schneider, kam hinter dem Baum hervor, legte dem Einhorn zuerst den Strick um den Hals, dann hieb er mit der Axt das Horn aus dem Baum, und als alles in Ordnung war, führte er das Tier ab und brachte es dem König.

Der König wollte ihm den verheißenen Lohn immer noch nicht gewähren und stellte eine dritte Forderung. Der Schneider sollte ihm vor der Hochzeit erst ein Wildschwein fangen, das in dem Wald großen Schaden verursachte; die Jäger sollten ihm Beistand leisten. »Gerne«, sprach der Schneider, »das ist ein Kinderspiel.« Die Jäger nahm er nicht mit in den Wald, und sie waren damit wohl zufrieden, denn das Wildschwein hatte sie schon mehrmals so empfangen, dass sie keine Lust hatten, ihm nachzustellen. Als das Schwein den Schneider erblickte, lief es mit schäumendem Maule und wetzenden Zähnen auf ihn zu und wollte ihn zur Erde werfen; der flinke Held aber sprang in eine Kapelle, die in der Nähe war, und gleich oben zum Fenster in einem Satze wieder hinaus. Das Schwein war hinter ihm hergelaufen, er aber hüpfte außen herum und schlug die Tür hinter ihm zu; da war das wütende Tier gefangen, das viel zu schwer und ungeschickt war, um zum Fenster hinauszuspringen. Das Schneiderlein rief die Jäger herbei, die mussten den Gefangenen mit eigenen Augen sehen; der Held aber begab sich zum Könige, der nun, er mochte wollen oder nicht, sein Versprechen halten musste und ihm seine Tochter und das halbe Königreich übergab. Hätte er gewusst, dass kein Kriegsheld, sondern ein Schneiderlein vor ihm stand, es wäre ihm noch mehr zu Herzen gegangen. Die Hochzeit wurde also mit großer Pracht und kleiner Freude gehalten und aus einem Schneider wurde ein König gemacht.

Nach einiger Zeit hörte die junge Königin in der Nacht, wie ihr Gemahl im Traume sprach: »Junge, mach mir die Jacke und flick mir die Hosen, oder ich will dir die Elle über die Ohren schlagen.« Da merkte sie, in welcher Gasse der junge Herr geboren war, klagte am anderen Morgen ihrem Vater ihr Leid und bat, er möge sie von dem Manne befreien, der nichts anderes als ein Schneider sei. Der König sprach ihr Trost zu und sagte: »Lass in der nächsten Nacht deine Schlafkammer offen, meine Diener sollen draußen stehen und, wenn er eingeschlafen ist, hineingehen, ihn binden und auf ein Schiff tragen, das ihn in die weite Welt führt.« Die Frau war damit zufrieden, des

Königs Waffenträger aber, der alles mit angehört hatte, war dem jungen Herrn gewogen und verriet ihm den Plan. »Dem Ding will ich einen Riegel vorschieben«, sagte das Schneiderlein. Abends legte es sich zu gewöhnlicher Zeit mit seiner Frau zu Bett. Als sie glaubte, es sei eingeschlafen, stand sie auf, öffnete die Tür und legte sich wieder hin. Das Schneiderlein, das sich nur stellte, als wenn es schlief, fing an, mit heller Stimme zu rufen: »Junge, mach mir die Jacke und flick mir die Hosen! Ich habe sieben mit einem Streich getroffen, zwei Riesen getötet, ein Einhorn fortgeführt und ein Wildschwein gefangen und sollte mich vor denen fürchten, die draußen vor der Kammer stehen!« Als diese den Schneider so sprechen hörten, überkam sie eine große Furcht, und sie liefen, als wenn das wilde Heer hinter ihnen wäre, und keiner wollte sich mehr an ihn wagen. Und so war und blieb das Schneiderlein sein Lebtag ein König.

Rotkäppchen

Ich kenne das Gefühl, als Kind durch einen dunklen Wald zu gehen, denn ich bin auf dem Dorf groß geworden. Darum fand ich schon damals das kleine Rotkäppchen sehr tapfer.

Prinzipiell meine ich, Mädchen und Frauen müssen sich vor nichts fürchten. Im Gegenteil, sie können mutig und selbstbestimmt sein. Dann fallen sie auch nicht auf den hinterlistigen Wolf herein, der sie nur von seinen bösen Absichten ablenken will.

Rotkäppchen musste das erst lernen, sie war einfach noch sehr jung und unerfahren. Nach dem Erlebnis mit dem Wolf war sie aber bestimmt vorsichtiger – und vor allem ein noch viel stärkeres und selbstbewussteres Mädchen.

s war einmal ein kleines, süßes Mäd-
chen, das hatte jedermann lieb, der es
nur ansah, am allerliebsten aber seine
Großmutter, die wusste gar nicht, was
sie dem Kinde alles geben sollte. Einmal schenkte sie ihm ein Käppchen
von rotem Samt, und weil ihm das so gut stand und es nichts
anderes mehr tragen wollte, hieß es nur das Rotkäppchen. Eines Tages sprach seine Mutter zu ihm: »Komm, Rotkäppchen,
da hast du ein Stück Kuchen und eine Flasche Wein, bring das
der Großmutter hinaus; sie ist krank und schwach und wird
sich daran laben. Mach dich auf, bevor es heiß wird, und wenn
du hinauskommst, so geh hübsch sittsam und weiche nicht
vom Wege ab, sonst fällst du und zerbrichst das Glas, und die
Großmutter hat nichts. Und wenn du in ihre Stube kommst,
so vergiss nicht, Guten Morgen zu sagen, und guck nicht erst
in allen Ecken herum.« »Ich will schon alles gut machen«, sagte
Rotkäppchen zur Mutter und gab ihr die Hand darauf.

Die Großmutter aber wohnte draußen im Wald, eine halbe
Stunde vom Dorf. Wie nun Rotkäppchen in den Wald kam,

begegnete ihm der Wolf. Rotkäppchen aber wusste nicht, was das für ein böses Tier war, und fürchtete sich nicht vor ihm. »Guten Tag, Rotkäppchen«, sprach er. »Schönen Dank, Wolf.« »Wohin so früh, Rotkäppchen?« »Zur Großmutter.« »Was trägst du unter der Schürze?« »Kuchen und Wein. Gestern haben wir gebacken, da soll sich die kranke und schwache Großmutter etwas Gutes tun und sich damit stärken.« »Rotkäppchen, wo wohnt deine Großmutter?« »Noch eine gute Viertelstunde weiter im Wald, unter den drei großen Eichbäumen, da steht ihr Haus; unten sind die Nusshecken, das wirst du ja wissen«, antwortete Rotkäppchen. Der Wolf dachte bei sich: »Das junge, zarte Ding, das ist ein feiner Bissen, der wird noch besser schmecken als die Alte. Du musst es listig anfangen, damit du beide schnappst.« Da ging er ein Weilchen neben Rotkäppchen her, dann sprach er: »Rotkäppchen, sieh einmal die schönen Blumen, die ringsumher stehen, warum guckst du dich nicht um? Ich glaube, du hörst gar nicht, wie die Vöglein so lieblich singen. Du gehst ja vor dich hin, als wenn du zur Schule gingst, und es ist doch so lustig hier draußen im Wald.« Rotkäppchen schlug die Augen auf, und als es sah, wie die Sonnenstrahlen durch die Bäume hin und her tanzten und alles voll schöner Blumen stand, dachte es: »Wenn ich der Großmutter einen frischen Strauß mitbringe, wird ihr der auch Freude machen; es ist so früh am Tag, dass ich noch zur rechten Zeit ankomme.« So lief es vom Wege ab in den Wald hinein und suchte Blumen. Und wenn es eine gepflückt hatte, meinte es, weiter hinten stände eine schönere, und lief dorthin und geriet immer tiefer in den Wald hinein.

Der Wolf aber lief geradewegs zum Haus der Großmutter und klopfte an die Tür. »Wer ist draußen?« »Rotkäppchen, das bringt Kuchen und Wein, mach auf.« »Drück nur auf die Klinke«, rief die Großmutter, »ich bin zu schwach und kann nicht aufstehen.« Der Wolf drückte auf die Klinke, die Tür sprang auf, und er wandte sich, ohne ein Wort zu sprechen, sogleich zum Bett der Großmutter und verschluckte sie. Dann zog er ihre Kleider an, setzte ihre Haube auf, zog die Vorhänge vor und legte sich in ihr Bett.

Rotkäppchen aber war nach den Blumen herumgelaufen, und als es so viele zusammenhatte, dass es keine mehr tragen konnte, fiel ihm die Großmutter wieder ein, und es machte sich auf den Weg zu ihr. Es wunderte sich, dass die Tür aufstand, und wie es in die Stube trat, da kam es ihm so seltsam darin vor, dass es dachte: »Ei, du mein Gott, wie ängstlich wird mir's heute zumute, und bin sonst so gerne bei der Großmutter!« Es rief: »Guten Morgen«, bekam aber keine Antwort. Darauf ging es zum Bett und zog die Vorhänge zurück: Da lag die Großmutter und hatte die Haube tief ins Gesicht gesetzt und sah so wunderlich aus. »Ei, Großmutter, was hast du für große Ohren!« »Dass ich dich besser hören kann.« »Ei, Großmutter, was hast du für große Augen!« »Dass ich dich besser sehen kann.« »Ei, Großmutter, was hast du für große Hände!« »Dass ich dich besser packen kann.« »Aber, Großmutter, was hast du für ein entsetzlich großes Maul!« »Dass ich dich besser fressen kann.« Kaum hatte der Wolf das gesagt, so tat er einen Satz aus dem Bette und verschlang das arme Rotkäppchen.

Als der Wolf seine Gier gestillt hatte, legte er sich wieder ins Bett, schlief ein und fing an, überlaut zu schnarchen. Der Jäger ging eben an dem Haus vorbei und dachte: »Wie die alte Frau schnarcht, du musst doch sehen, ob ihr etwas fehlt.« Er trat in die Stube, und wie er vor das Bett kam, so sah er, dass der Wolf darin lag. »Finde ich dich hier, du alter Sünder«, sagte er, »ich habe dich lange gesucht.« Nun wollte er seine Büchse anlegen, da fiel ihm ein, der Wolf könnte die Großmutter gefressen haben und sie wäre noch zu retten. Also schoss er nicht, sondern nahm eine Schere und fing an, dem schlafenden Wolf den Bauch aufzuschneiden. Wie er ein paar Schnitte getan hatte, da sah er das rote Käppchen leuchten, und noch ein paar Schnitte, da sprang das Mädchen heraus und rief: »Ach, wie war ich erschrocken, wie war's so dunkel in dem Wolf seinem Leib!« Und dann kam die alte Großmutter auch noch lebendig heraus und konnte kaum atmen. Rotkäppchen aber holte geschwind große Steine, damit füllten sie dem Wolf den Leib, und wie er aufwachte, wollte er fortspringen, aber die Steine waren so schwer, dass er gleich niedersank und sich zu Tode stürzte.

Da waren alle drei vergnügt; der Jäger zog dem Wolf den Pelz ab und ging damit heim, die Großmutter aß den Kuchen und trank den Wein, den Rotkäppchen gebracht hatte, und erholte sich wieder, Rotkäppchen aber dachte: »Du willst dein Lebtag nicht wieder allein vom Wege ab in den Wald laufen, wenn dir's die Mutter verboten hat.«

Dornröschen

Das Märchen mag ich sehr, weil die Eltern der Prinzessin alles Erdenkliche tun, um sie zu beschützen. Das Tragische daran ist, dass Dornröschen leider nicht lernt, mit bedrohlichen Situationen im Leben umzugehen …

In unserer Familie haben Märchen einen großen Stellenwert, und ich hatte das Glück, nicht nur mit deutschen, sondern auch mit orientalischen Märchen groß geworden zu sein. Jede Kultur hat ihre Besonderheiten und erweitert den Horizont.

Nur frage ich mich, warum wir nur den Kindern Märchen vorlesen und man sie als Erwachsene nicht mehr so oft liest. Das sollte sich ändern! Schließlich erzählen sie berührende Geschichten und besitzen viele Weisheiten, die wegweisend sein können für unser ganzes Leben.

s waren einmal eine Königin und ein König, die sprachen jeden Tag: »Ach, wenn wir doch ein Kind hätten!«, und kriegten jedoch keines. Da geschah es, als die Königin einmal ein Bad im Teich nahm, dass ein Frosch aus dem Wasser ans Land kroch und zu ihr sprach: »Dein Wunsch wird erfüllt werden; ehe ein Jahr vergeht, wirst du eine Tochter zur Welt bringen.« Was der Frosch gesagt hatte, geschah, und die Königin gebar ein Mädchen, das war so schön, dass der König vor Freude außer sich war und ein großes Fest veranstaltete. Er lud nicht bloß seine Verwandten, Freunde und Bekannten, sondern auch die weisen Frauen dazu ein, damit sie das Kind gernhätten und ihm gewogen wären. Es waren ihrer dreizehn in seinem Reiche, weil er aber nur zwölf goldene Teller hatte, von welchen sie essen sollten, so musste eine von ihnen daheimbleiben. Das Fest wurde mit aller Pracht gefeiert, und als es zu Ende war, beschenkten die weisen Frauen das Kind mit ihren Wundergaben: die eine mit Tugend, die andere mit Schönheit, die dritte mit Reichtum, und so mit allem, was auf der Welt zu

wünschen ist. Als elf ihre Sprüche eben getan hatten, trat plötzlich die dreizehnte herein. Sie wollte sich dafür rächen, dass sie nicht eingeladen war, und ohne jemanden zu grüßen oder nur anzusehen, rief sie mit lauter Stimme: »Die Königstochter soll sich in ihrem fünfzehnten Jahr an einer Spindel stechen und tot hinfallen.« Und ohne ein weiteres Wort drehte sie sich um und verließ den Saal. Alle waren erschrocken, da trat die zwölfte hervor, die ihren Wunsch noch übrig hatte, und weil sie den bösen Spruch nicht aufheben, sondern nur mildern konnte, so sagte sie: »Es soll aber nicht der Tod sein, sondern ein hundertjähriger tiefer Schlaf, in welchen die Königstochter fällt.«

Der König, der sein liebes Kind vor dem Unglück gern bewahren wollte, ließ den Befehl ausgeben, dass alle Spindeln im ganzen Königreiche verbrannt werden sollten. An dem Mädchen aber wurden die Gaben der weisen Frauen alle erfüllt, denn es war so schön, sittsam, freundlich und verständig, dass es jedermann, der es ansah, lieb haben musste. Es geschah, dass an dem Tage, wo es gerade fünfzehn Jahre alt wurde, der König und die Königin nicht zu Hause waren und das Mädchen ganz allein im Schloss zurückblieb. Da ging es überall herum, besah Stuben und Kammern, wie es Lust hatte, und kam endlich auch zu einem alten Turm. Es stieg die enge Wendeltreppe hinauf und gelangte zu einer kleinen Tür. In dem Schloss steckte ein verrosteter Schlüssel, und als es ihn umdrehte, sprang die Tür auf, und da saß in einem Stübchen eine alte Frau mit einer Spindel und spann emsig ihren Flachs. »Guten Tag, du altes Mütterchen«, sprach die Königstochter, »was machst du da?«

»Ich spinne«, sagte die Alte und nickte mit dem Kopf. »Was ist das für ein Ding, das so lustig herumspringt?«, sprach das Mädchen, nahm die Spindel und wollte auch spinnen. Kaum hatte sie aber die Spindel angerührt, so ging der Zauberspruch in Erfüllung, und sie stach sich damit in den Finger.

In dem Augenblick aber, wo sie den Stich empfand, fiel sie auf das Bett nieder, das da stand, und lag in einem tiefen Schlaf. Und dieser Schlaf verbreitete sich über das ganze Schloss: Der König und die Königin, die eben heimgekommen und in den Saal getreten waren, schliefen ein, und der ganze Hofstaat mit ihnen. Da schliefen auch die Pferde im Stall, die Hunde im Hofe, die Tauben auf dem Dache, die Fliegen an der Wand, ja, selbst das Feuer, das auf dem Herde flackerte, wurde still und schlief ein, und der Braten hörte auf zu brutzeln, und der Koch, der den Küchenjungen, weil er etwas vergessen hatte,

an den Haaren ziehen wollte, ließ ihn los und schlief. Und der Wind legte sich, und an den Bäumen vor dem Schloss regte sich kein Blättchen mehr. Rings um das Schloss aber begann eine Dornenhecke zu wachsen, die jedes Jahr höher wurde, bald das ganze Schloss umgab und darüber hinaus wuchs, bis gar nichts mehr davon zu sehen war, nicht einmal die Fahne auf dem Dach.

Es ging aber die Sage im Land von dem schönen schlafenden Dornröschen, denn so wurde die Königstochter genannt, sodass von Zeit zu Zeit Königssöhne kamen und durch die Hecke in das Schloss dringen wollten. Es war ihnen aber nicht möglich, denn die Dornen hielten fest zusammen, als hätten sie Hände, und die Jünglinge blieben darin hängen, konnten sich nicht wieder befreien und starben eines jämmerlichen Todes. Nach langen, langen Jahren kam wieder einmal ein Königssohn in das Land und hörte, wie ein alter Mann von der Dornenhecke erzählte und dass ein Schloss dahinter stehe, in welchem eine wunderschöne Königstochter, Dornröschen genannt, schon seit hundert Jahren schlafe, und mit ihr schliefen der König und die Königin und der ganze Hofstaat. Er wusste auch von seinem Großvater, dass schon viele Königssöhne gekommen waren und versucht hatten, durch die Dornenhecke zu dringen, aber sie seien darin hängen geblieben und eines traurigen Todes gestorben. Da sprach der Jüngling: »Ich fürchte mich nicht, ich will hinaus und das schöne Dornröschen sehen.« Der gute Alte mochte ihm abraten, wie er wollte, er hörte nicht auf seine Worte.

Nun waren aber gerade die hundert Jahre verflossen, und der Tag war gekommen, wo Dornröschen wiedererwachen sollte. Als der Königssohn sich der Dornenhecke näherte, waren es lauter große, schöne Blumen, die taten sich von selbst auseinander und ließen ihn unbeschädigt hindurch, und hinter ihm taten sie sich wieder als eine Hecke zusammen. Im Schlosshof sah er die Pferde und scheckigen Jagdhunde liegen und schlafen, auf dem Dache saßen die Tauben und hatten das Köpfchen unter den Flügel gesteckt. Und als er ins Haus kam, schliefen die Fliegen an der Wand, der Koch in der Küche hielt noch die Hand, als wollte er den Jungen anpacken, und eine Magd saß vor einem schwarzen Huhn, das gerupft werden sollte. Da ging er weiter und sah im Saale den ganzen Hofstaat liegen und schlafen, und oben bei dem Throne lagen der König und die Königin. Da ging er noch weiter, und alles war so still, dass einer seinen Atem hören konnte, und endlich kam er zu dem Turm und öffnete die Tür zu der kleinen Stube, in welcher Dornröschen schlief. Da lag es und war so schön, dass er die Augen nicht abwenden konnte, und er bückte sich und gab ihm einen Kuss. Wie er es mit dem Kuss berührt hatte, schlug Dornröschen die Augen auf, erwachte und blickte ihn ganz freundlich an. Da gingen sie zusammen herab, und der König erwachte und die Königin und der ganze Hofstaat, und alle sahen einander mit großen Augen an. Und die Pferde im Hof standen auf und schüttelten sich, die Jagdhunde sprangen und wedelten mit dem Schwanz, die Tauben auf dem Dache zogen das Köpfchen unterm Flügel hervor, sahen umher und flogen ins Feld, die Fliegen an den Wänden krochen weiter, das Feuer in der Küche erhob sich, flackerte und kochte das Essen, der Braten fing wieder an zu brutzeln, und der Koch gab dem Jungen eine Ohrfeige, dass er schrie, und die Magd rupfte das Huhn fertig. Und da wurde die Hochzeit des Königssohns mit Dornröschen in aller Pracht gefeiert, und sie lebten vergnügt bis an ihr Ende.

Bremen sucht die Superband

Ich liebe das Märchen von den »Bremer Stadtmusikanten«. Heute sehe ich es mit ganz anderen Augen. Als Kind nahm ich die Tiere einfach nur als ein paar lustige Gesellen wahr, die gemeinsam das Abenteuer suchten. Doch aus heutiger Sicht steckt viel mehr dahinter. Das ist das Schöne an Märchen, weil sie, aus verschiedenen Blickwinkeln betrachtet, für jeden eine andere Bedeutung haben. Märchen, und sind sie auch noch so alt, wachsen mit der Zeit mit und werden immer wieder aufs Neue zum Leben erweckt, wenn sie gelesen werden.

s war einmal ein Ferienbauernhof. Dort lebte ein Esel, auf dem die Kinder reiten durften. Doch mit den Jahren bekam der Esel ein schweres Rückenleiden. Als eines Tages ein Kind dem Esel zu sehr auf dem Rücken herumhüpfte und ihn an der Mähne zog, erschrak dieser und warf es direkt in einen Misthaufen ab. Die Eltern des Kindes waren sehr erbost, weil die neue Hose des Kindes erst einmal getragen war. Da beschloss der Bauer, dass in Zukunft niemand mehr auf dem Esel reiten dürfe. So kam der Esel in den Stall und sollte abgeholt werden. Das wollte der Esel aber auf keinen Fall. Was, wenn da, wo er hinkam, das Futter nicht schmeckte? Schnell lief er fort, um sich auf den Weg nach Bremen zu machen, wo er unbedingt an dem Wettbewerb *Bremen sucht die Superband* teilnehmen wollte. Musikalisch war er ja. Und bestimmt würde er sich dort anderen Tieren anschließen können.

Als er so gemächlich über die Weiden spazierte, traf er auf einen Jagdhund, der jämmerlich am Wegesrand jaulte. »Warum jaulst du denn so, du Wadenbeißer?«, fragte der Esel. »Ach«, jammerte der Hund, »mein Herrchen hat ein neues Frauchen. Seit einiger Zeit beginnt sie immer zu niesen, wenn ich aufs Sofa hüpfe. Sie meinte, sie habe eine Allgerie oder so.« »Du meinst wahrscheinlich eine Ascherschie!«, wusste der Esel. »Ja genau, eine Aschgerie«, jammerte der Hund weiter. »Nun will mich mein Herrchen weggeben. Da bin ich einfach abgehauen. Womit aber soll ich mir nun mein Futter verdienen?« »Ist doch ganz klar«, beruhigte ihn der Esel. »Du kommst mit nach Bremen und nimmst mit mir zusammen an *Bremen sucht die Superband* teil. Niemand jault so toll wie du.« Der Hund war einverstanden, und sie spazierten weiter.

Es dauerte nicht lange, da sahen die beiden eine Katze am Weg sitzen, die sehr traurig dreinblickte. »Wer ist dir denn übers Barthaar gefahren, du alter Stubentiger?«, fragte der Esel. »Ach«, maunzte die Katze, »ich bin heute ganz schlecht drauf. Ich war nur eine kleine Weile von meinem Hof weg. Gut, vielleicht war es auch etwas länger. Als ich zurückkam, war alles voller Bagger. Die haben den Bauernhof einfach plattgemacht.« »Ja«, sagte der Esel, »das weiß ich von meinem Bauern, der es der Bäuerin erzählt hat. Da kommt ein Supermarkt hin oder so eine Zankstelle.« »Tanke«, verbesserte der Hund. »Da durfte ich nie aussteigen, wenn wir Gassi gefahren sind.« Die Katze blickte immer noch sorgenvoll drein. »Aber wo soll ich denn jetzt hin?« »Komm doch mit uns zu *Bremen sucht die Superband*. Du verstehst dich doch auf die Nachtmusik. Mit uns zusammen kannst du zeigen, was in dir steckt.« Die Katze nickte prompt und schloss sich den beiden an.

Als die drei so des Weges gingen, kamen sie an einem Hof vorbei. Da saß der etwas in die Jahre gekommene Haushahn auf dem Tor und schrie aus Leibeskräften. »Was schreist du denn hier so unkontrolliert in die Prärie hinaus, du alter Gockel!«, rief ihm der Esel zu. »Du störst die ländliche Idylle!« »Wenn euch passiert wäre, was mir passiert ist, wärt ihr auch wütend. Gestern ist ein neuer Hahn ins Hühnerhaus eingezogen. Le Coq nennt sich der Typ. Ein Franzose. Die Hennen flanieren seitdem unentwegt an ihm vorbei und gackern. Mich sieht keine mehr an«, klagte der Hahn. »Ach«, versuchte ihn der Esel zu beruhigen, »der bekommt auch irgendwann Falten. Bleib cool. Komm lieber mit uns zu *Bremen sucht die Superband*. Du triffst die Töne. Dich können wir gut gebrauchen.« Dem Hahn gefiel die Idee. Vielleicht würde er bald im Rampenlicht stehen? Alle vier zogen zusammen weiter.

Leider konnten sie die Stadt Bremen an einem Tag nicht erreichen und gelangten bei Einbruch der Dämmerung in einen Wald, wo sie übernachten wollten. Der Esel lehnte sich lässig an

einen Baum, der Hund legte sich davor, die Katze kletterte über den Esel auf einen Ast, und der Hahn flog in den Wipfel hinauf, wo er den gesamten Wald im Blick hatte. Ehe er einschlief, um von seinen Hennen zu träumen, sah er sich noch einmal ganz genau um. Ein Lichtschein drang durch die dichten Bäume.

»Hey, ihr! Psst! Kikeriki!«

»Was ist denn noch?«, maulte der Esel. »Da vorne muss eine Hütte sein. Ich sehe Licht!«, rief er vom Wipfel herunter. »Das ist der Mond«, jaulte der Hund. »Nix Mond! Ich sehe dort hinten mitten im Wald ein Licht. Ich bin zwar in die Jahre gekommen, aber sehen kann ich noch ganz gut«, schimpfte der Hahn. Der Esel antwortete: »Okay. Du gibst ja doch keine Ruhe. Dann lasst uns nachsehen, denn hier ist es mir ohnehin zu feucht. Hier holt man sich ja sonst was.« »Ich hätte auch nichts gegen einen Napf mit Rind, Brokkoli und Papaya einzuwenden«, schmatzte der Hund. »Oder vielleicht doch etwas Huhn mit Fenchel und Kamille?« »Hey!«, schimpfte der Hahn und flog vom Wipfel herunter.

»Bitte entschuldige.«

»Also, was die Menschen euch so alles zu essen geben!«, wunderte sich die Katze.

Die vier machten sich auf den Weg in die Richtung, wo sie das Licht sahen. Als sie näher kamen, hörten sie auch Musik. »Ui«, meinte der Hund, »vielleicht haben wir doch schon *Bremen sucht die Superband* erreicht.« »Niemals«, erwiderte der Esel. »Bremen ist noch viel weiter weg.« Wenige Schritte später standen sie vor einer kleinen Waldhütte. »Was machen wir nun?«, fragte die Katze. »Sollen wir klopfen?« »Nichts da«, meinte der Hund. »Esel, du als der Größte könntest durch das Fenster schauen.« »Und was ist, wenn mich jemand sieht?«, warf der Esel ein. »Dann machst du einfach ein langes Gesicht«, lachte die Katze, was der Esel überhaupt nicht lustig fand. »Nun gut. Ich will hineinsehen«, flüsterte er dann, schritt vorsichtig an das Fenster heran und blinzelte durch die Scheibe. »Was siehst du?«, flüsterte der Hund neugierig und tapste aufgeregt hin und her. »Ich sehe ein paar Männer an einem Tisch, die Essen in sich hineinstopfen und aus Flaschen trinken. Also Manieren

haben die! Sie sehen irgendwie gefährlich aus.« »Lass mal
gucken«, meinte der Hund und sprang auf den Rücken des
Esels, um ebenfalls durchs Fenster zu sehen. »Und?«, meinte nun
die Katze und streckte ihren Kopf in die Höhe. »Wie ist die
Lage?« »Auwei. Die führen bestimmt nichts Gutes im Schilde.
Das sind wahrscheinlich Räuber oder andere Verbrecher. Solche
Männer habe ich schon einmal in diesem hellen Kasten gese-
hen, in den mein Herrchen jeden Abend hineingestarrt hat.«
»Keine Ahnung, was du meinst«, flüsterte der Esel und ließ die
Männer nicht aus den Augen. »Na, dieser Kasten, in dem ganz
kleine Menschen herumlaufen. Vor dem ist mein Herrchen im-
mer eingeschlafen. Jedenfalls sollten wir ganz vorsichtig sein.«
Der Hund hopste wieder vom Esel herab.

»Und nun? Mein Magen knurrt«, klagte die Katze. »Ich weiß.
Wir schlagen sie in die Flucht«, entschied der Hund. »Und wie
wollen wir das anstellen?«, fragte der Hahn. »Vor mir hat doch
niemand Angst.« Der Hund lachte. »Zeig mal deine Zähne«,
forderte er den Hahn auf. »Hab keine«, meinte der und senkte
beschämt den Kopf. »Siehst du. Wir anderen drei schon. Aber

mach dir nichts draus. Dafür kannst du ganz laut schreien. Zusammen werden wir sie vertreiben. Gemeinsam kriegen wir das ganz bestimmt hin.« »Da hat er recht«, meinte der Esel. »Nun denn, wir machen uns jetzt ganz groß.«

Gesagt, getan. Der Esel stellte seine Vorderhufe auf das Fenster, der Hund sprang auf seinen Rücken, die Katze kletterte auf den Hund. »Wo bleibst du denn?«, rief die Katze zu dem Hahn hinab. Der blickte mit großen Augen nach oben. »Ich bin so schlecht zu Fuß!«, klagte er. »Dann flieg auf meinen Kopf«, zischte die Katze. »Wozu hast du denn Flügel!«

Als das geschehen war, legten sich die vier so richtig ins Zeug und machten Musik. Der Esel schrie, der Hund bellte, und die Katze miaute. Immer wieder zeigten die Tiere gefährlich ihre Zähne durchs Fenster. Bis auf den Hahn. Der flatterte dafür besonders wild mit seinen Flügeln. Dann machten sie einen Satz und stürzten durch das Fenster in die Stube hinein, dass die Scheiben nur so klirrten.

Die Männer fuhren entsetzt in die Höhe und dachten, ein Außerirdischer sei in die Hütte gekommen. Sie schrien aus Leibeskräften und liefen wie vom Blitz getroffen in den Wald hinaus, bis die vier Musikanten sie nicht mehr sehen konnten.

Der Esel sah die anderen zufrieden an und streckte ihnen einen Vorderhuf entgegen. Die Katze und der Hund klatschten mit ihren Pfoten ab. Der Hahn, der so etwas zuvor noch nicht gesehen hatte, tat es ihnen mit einem Flügel gleich. »Also, eines ist sicher«, meinte der Esel. »Bei *Bremen sucht die Superband* gewinnen die nicht.« Alle lachten. Dann setzten sich die vier Musikanten an den Tisch und ließen sich die Speisen schmecken, die ihnen am meisten zusagten. Als sie fertig und ihre Bäuche dick waren, löschten sie das Licht, und jeder suchte sich die Ecke in der Hütte, die er am gemütlichsten fand. Der Esel legte sich aufs Bett, der Hund auf einen Sessel, die Katze vor den offenen Kamin, und der Hahn machte es sich auf dem Lampenschirm gemütlich, der inmitten der Hütte von der Decke hing.

Nach Mitternacht sahen die Männer von Weitem, dass das Licht in ihrer Hütte erloschen und anscheinend alles ruhig war. Da sprach der Anführer der Bande: »Wir hätten uns nicht so erschrecken und einfach so vertreiben lassen sollen. Unser ganzes Diebesgut ist noch dort drinnen. Außerdem liegt mein Handy auch noch in der Hütte. Mit Ladegerät!« Er schickte einen seiner Leute los, um nachzusehen, ob noch jemand dort war. Der Hahn aber sah von seiner Lampe aus durch das Fenster, dass sich einer der Männer dem Haus näherte. »Kik – kik«, zischte er und weckte die anderen auf. »Was ist denn los?«, rieb sich der Hund die Augen. »Bist du irre? Es ist doch noch nicht einmal hell draußen.« »Pst«, machte der Hahn. »Da kommt einer zurück.« Nun musste alles ganz schnell gehen. Zum Glück hatte der Esel eine Idee und verteilte geschwind die Aufgaben an alle Tiere.

Leise schlich sich der Mann in die Hütte. Er hielt kurz inne, weil der Boden knarzte. Dann ging er vorsichtig weiter in den Raum hinein. Als er inmitten der Stube neben dem Tisch stand, gab der Esel das Zeichen. Die Katze sprang mit ihren leuchtenden Augen dem Mann vor das Gesicht, sodass dieser gewaltig erschrak. Er machte einen Schritt zurück, stolperte über den Hund, der sich hinter ihm lang gemacht hatte, und fiel zu Boden. Der Hahn machte einen Satz, stieß ein Honigglas um, das auf dem Tisch stand, und der Inhalt ergoss sich über den Mann. »Iiiih!«, rief dieser und wollte gerade aufstehen, als der Esel mit einem Ruck zwei Kissen vom Bett warf und mit aller Kraft daraufsprang, bis sie zerplatzten. Die Federn aus den Kissen wirbelten wild in der Stube umher und blieben wegen des Honigs überall auf dem Mann kleben. Er stand auf, sah verwirrt an sich hinab und wusste nicht, wie ihm geschah. Benommen torkelte er im dunklen Zimmer umher, bis er vor dem Gesicht des Esels zum Stehen kam. »Buh!«, machte der Esel, und die anderen Tiere musizierten erneut aus Leibeskräften, sodass der Mann schreiend aus der Hütte lief. Als er mit ausgebreiteten Armen auf die anderen Räuber zurannte, hörten die

vier Musikanten diese lauthals rufen: »Hilfe! Ein Riesenhuhn!«
Dann liefen sie in alle Himmelsrichtungen davon.

Die Tiere standen gemeinsam in der Tür der Hütte, bis die
Männer aus ihrem Blickfeld verschwunden waren. »Den könnten wir deinem Le Coq vorbeischicken. Was meinst du, wie
schnell die Hühner wieder um dich herumgackern würden«,
sagte der Esel zum Hahn und lachte.

»Ach was. Ich bleibe bei euch. Da gefällt es mir viel besser.«

Von nun an traute sich die Räuberbande nicht mehr in die
Waldhütte zurück. Die vier Musikanten aber blieben dort und
gründeten eine Wohngemeinschaft. Zwar konnten sie nichts
mit dem Handy, dem Ladegerät und den vielen Fernsehern
anfangen, die die Diebesbande zurückgelassen hatte, aber die
Sachen waren hübsch anzusehen.

Ach, und den Wettbewerb *Bremen sucht die Superband* – ja,
den hat jemand anders gewonnen.

Hänsel und Gretel

»Hänsel und Gretel« ist das erste Märchen, das ich bewusst als solches wahrgenommen habe. Meine Eltern nahmen mich schon als Kind mit in die gleichnamige Oper von Humperdinck. Ich fand die Geschichte unheimlich faszinierend. Sie war brutal und am Ende doch irgendwie auch amüsant. Weil die Hexe im Ofen landet. Dank der Kinder, die ungeahnte Stärke zeigen. Und mal abgesehen davon: An einem so großen Haus aus Pfefferkuchen hätte ich auch gern genascht.

 or einem großen Walde wohnte ein ar-
mer Holzhacker mit seinen zwei Kin-
dern und seiner Frau, die beider Stiefmutter war; der Knabe hieß Hänsel
und das Mädchen Gretel. Die Familie
hatte wenig zu essen, und einmal, als
große Teuerung ins Land kam, konnte sie auch das täglich Brot
nicht mehr bezahlen. Wie der Mann sich nun abends im Bette
Gedanken machte und sich vor Sorgen herumwälzte, seufzte er
und sprach zu seiner Frau: »Was soll aus uns werden? Wie können wir unsere armen Kinder ernähren, da wir für uns selbst
nichts mehr haben?« »Weißt du was, Mann?«, antwortete die
Frau. »Wir wollen morgen in aller Frühe die Kinder hinaus
in den Wald führen, wo er am dichtesten ist. Da machen wir
ihnen ein Feuer an und geben jedem noch ein Stückchen Brot,
dann gehen wir an unsere Arbeit und lassen sie allein. Sie finden den Weg nicht wieder nach Hause, und wir sind sie los.«
»Nein, Frau«, sagte der Mann, »das tu ich nicht; wie sollt ich's
übers Herz bringen, meine Kinder im Walde alleinzulassen, die
wilden Tiere würden bald kommen und sie zerreißen.« »O du

Narr«, erwiderte sie, »dann müssen wir alle vier hungers sterben, du kannst nur die Bretter für die Särge hobeln«, und ließ ihm keine Ruhe, bis er einwilligte. »Aber die armen Kinder tun mir doch leid«, sagte der Mann.

Die beiden Kinder hatten vor Hunger auch nicht einschlafen können und gehört, was die Stiefmutter zum Vater gesagt hatte. Gretel weinte bittere Tränen und sprach zu Hänsel: »Nun ist's um uns geschehen.« »Still, Gretel«, sprach Hänsel, »gräme dich nicht, ich will uns schon helfen.« Und als die Alten eingeschlafen waren, stand er auf, zog sein Jäcklein an, machte die Untertüre auf und schlich sich hinaus. Da schien der Mond ganz hell, und die weißen Kieselsteine, die vor dem Haus lagen, glänzten wie lauter Münzen. Hänsel bückte sich und steckte so viele in sein Jackentäschlein, wie nur hineinpassten. Dann ging er wieder zurück, sprach zu Gretel: »Sei getrost, liebes Schwesterchen, und schlaf nur ruhig ein, Gott wird uns nicht verlassen«, und legte sich wieder in sein Bett.

Als der Tag anbrach, doch noch ehe die Sonne aufgegangen war, kam schon die Frau und weckte die beiden Kinder: »Steht auf, ihr Faulenzer, wir wollen in den Wald gehen und Holz holen.« Dann gab sie jedem ein Stückchen Brot und sprach: »Da habt ihr etwas für den Mittag, aber esst es nicht vorher auf, weiter kriegt ihr nichts.« Gretel nahm das Brot unter die Schürze, weil Hänsel die Steine in der Tasche hatte. Danach machten sie sich alle zusammen auf den Weg in den Wald. Als sie ein Weilchen gegangen waren, stand Hänsel still und guckte nach dem Haus zurück und tat das wieder und immer wieder. Der Vater sprach: »Hänsel, was guckst du da und bleibst zurück, hab acht und vergiss deine Beine nicht.« »Ach, Vater«, sagte Hänsel, »ich sehe nach meinem weißen Kätzchen, das sitzt oben auf dem Dach und will mir Ade sagen.« Die Frau sprach: »Du Narr, das ist nicht dein Kätzchen, das ist die Morgensonne, die auf den Schornstein scheint.« Hänsel aber hatte nicht nach dem Kätzchen gesehen, sondern immer einen von den blanken Kieselsteinen aus seiner Tasche auf den Weg geworfen.

Als sie mitten im Wald angelangt waren, sprach der Vater: »Nun sammelt Holz, ihr Kinder, ich will ein Feuer anmachen, damit ihr nicht friert.« Hänsel und Gretel trugen Reisig zusammen, einen kleinen Berg. Das Reisig wurde angezündet, und als die Flamme recht hoch brannte, sagte die Frau: »Nun legt euch ans Feuer, ihr Kinder, und ruht euch aus; wir gehen in den Wald und hauen Holz. Wenn wir fertig sind, kommen wir wieder und holen euch ab.«

Hänsel und Gretel saßen am Feuer, und als der Mittag kam, aß jedes sein Stücklein Brot. Und weil sie die Schläge der Holzaxt hörten, so glaubten sie, ihr Vater sei in der Nähe. Es war aber nicht die Holzaxt, es war ein Ast, den er an einen dürren Baum gebunden hatte und den der Wind hin und her schlug.

Und als sie lange so gesessen hatten, fielen ihnen die Augen vor Müdigkeit zu, und sie schliefen fest ein. Als sie endlich erwachten, war es schon finstere Nacht. Gretel fing an zu weinen und sprach: »Wie sollen wir nun aus dem Wald kommen?« Hänsel aber tröstete sie: »Wart nur ein Weilchen, bis der Mond aufgegangen ist, dann wollen wir den Weg schon finden.« Und als der volle Mond aufgestiegen war, nahm Hänsel sein Schwesterchen an der Hand und ging den Kieselsteinen nach, die schimmerten wie neue Münzen und zeigten ihnen den Weg. Sie gingen die ganze Nacht hindurch und kamen bei anbrechendem Tag wieder zu ihres Vaters Haus. Sie klopften an die Tür, und als die Frau aufmachte und sah, dass es Hänsel und Gretel waren, sprach sie: »Ihr bösen Kinder, was habt ihr so lange im Walde geschlafen; wir haben geglaubt, ihr wolltet gar nicht wiederkommen.« Der Vater aber freute sich, denn es war ihm zu Herzen gegangen, dass er sie so allein zurückgelassen hatte.

Nicht lange danach war wieder Not in allen Ecken, und die Kinder hörten, wie die Mutter nachts im Bette zu dem Vater sprach: »Alles ist wieder aufgezehrt, wir haben noch einen halben Laib Brot, danach hat das Lied ein Ende. Die Kinder müssen fort, wir wollen sie tiefer in den Wald hineinführen,

damit sie den Weg nicht wieder herausfinden; es ist sonst keine Rettung für uns.« Dem Mann fiel's schwer aufs Herz, und er sagte: »Es wäre besser, dass du den letzten Bissen mit deinen Kindern teiltest.« Aber die Frau hörte auf nichts, was er sagte, schalt ihn und machte ihm Vorwürfe. Wer A sage, müsse auch B sagen, und weil er das erste Mal nachgegeben hatte, so musste er es auch zum zweiten Mal.

Die Kinder waren aber noch wach gewesen und hatten das Gespräch mit angehört. Als die Alten schliefen, stand Hänsel wieder auf, wollte hinaus und Kieselsteine auflesen wie das vorige Mal, aber die Frau hatte die Tür verschlossen, und Hänsel konnte nicht hinaus. Aber er tröstete sein Schwesterchen und sprach: »Weine nicht, Gretel, und schlaf nur ruhig, der liebe Gott wird uns schon helfen.«

Am frühen Morgen kam die Frau und holte die Kinder aus dem Bette. Sie erhielten ihr Stückchen Brot, das war aber noch kleiner als das vorige Mal. Auf dem Wege in den Wald zerdrückte es Hänsel in der Tasche, stand oft still und warf ein Bröcklein auf die Erde. »Hänsel, was stehst du und guckst dich um«, sagte der Vater, »geh deiner Wege.« »Ich sehe nach meinem Täubchen, das sitzt auf dem Dache und will mir Ade sagen«, antwortete Hänsel. »Du Narr«, sagte die Frau, »das ist

nicht dein Täubchen, das ist die Morgensonne, die auf den Schornstein oben scheint.« Hänsel aber warf nach und nach alle Bröcklein auf den Weg.

Die Frau führte die Kinder noch tiefer in den Wald, wo sie ihr Lebtag noch nicht gewesen waren. Da wurde wieder ein großes Feuer angemacht, und die Mutter sagte: »Bleibt nur da sitzen, ihr Kinder, und wenn ihr müde seid, könnt ihr ein wenig schlafen. Wir gehen in den Wald und hauen Holz, und abends, wenn wir fertig sind, kommen wir und holen euch ab.« Als es Mittag war, teilte Gretel ihr Brot mit Hänsel, der sein Stück auf den Weg gestreut hatte. Dann schliefen sie ein, und der Abend verging, aber niemand kam zu den armen Kindern. Sie erwachten erst in der finsteren Nacht, und Hänsel tröstete sein Schwesterchen und sagte: »Wart nur, Gretel, bis der Mond aufgeht, dann werden wir die Brotbröcklein sehen, die ich ausgestreut habe, die zeigen uns den Weg nach Haus.« Als der Mond kam, machten sie sich auf, aber sie fanden kein Bröcklein mehr, denn die vielen Tausend Vögel, die im Walde und im Felde umherflogen, hatten sie weggepickt. Hänsel sagte zu Gretel: »Wir werden den Weg schon finden«, aber sie fanden ihn nicht. Sie gingen die ganze Nacht und noch einen Tag von Morgen bis Abend, aber sie kamen aus dem Wald nicht hinaus und waren so hungrig, denn sie hatten nichts als ein paar Beeren, die sie im Walde fanden. Und weil sie so müde waren, dass die Beine sie nicht mehr tragen wollten, so legten sie sich unter einen Baum und schliefen ein.

Nun war's schon der dritte Morgen, dass sie ihres Vaters Haus verlassen hatten. Sie fingen wieder an zu gehen, aber sie gerieten immer tiefer in den Wald, und wenn nicht bald Hilfe kam, so mussten sie verhungern. Als es Mittag war, sahen sie ein schönes schneeweißes Vöglein auf einem Ast sitzen, das sang so schön, dass sie stehen blieben und ihm zuhörten. Und als es fertig war, schwang es seine Flügel und flog vor ihnen her, und sie gingen ihm nach, bis sie zu einem Häuschen gelangten, auf dessen Dach es sich setzte; und als sie ganz nah herankamen, da

sahen sie, dass das Häuslein aus Brot gebaut war und mit Kuchen gedeckt; aber die Fenster waren von hellem Zucker. »Da wollen wir uns bedienen«, sprach Hänsel, »und eine gesegnete Mahlzeit halten. Ich will ein Stück vom Dach essen, Gretel, du kannst vom Fenster essen, das schmeckt süß.« Hänsel langte in die Höhe und brach sich ein wenig vom Dach ab, um zu versuchen, wie es schmeckte, und Gretel stellte sich an die Scheiben und knusperte daran. Da rief eine dünne Stimme aus der Stube heraus:

»Knusper, knusper, Knäuschen,
wer knuspert an meinem Häuschen?«
Die Kinder antworteten:
»Der Wind, der Wind,
das himmlische Kind«,
und aßen weiter, ohne sich beirren zu lassen. Hänsel, dem das Dach sehr gut schmeckte, riss sich ein großes Stück davon herunter, und Gretel stieß eine ganze runde Fensterscheibe heraus, setzte sich nieder und tat sich wohl damit. Da ging auf einmal die Tür auf, und eine steinalte Frau, die sich auf eine Krücke stützte, kam herausgeschlichen. Hänsel und Gretel erschraken so gewaltig, dass sie fallen ließen, was sie in den Händen hielten. Die Alte aber wackelte mit dem Kopfe und sprach: »Ei, ihr lieben Kinder, wer hat euch hierhergebracht? Kommt nur herein und bleibt bei mir, es geschieht euch kein Leid.« Sie fasste beide an der Hand und führte sie in ihr Häuschen. Da wurde gutes Essen aufgetragen, Milch und Pfannkuchen mit Zucker, Äpfel und Nüsse. Danach wurden zwei schöne Bettlein

weiß gedeckt, und Hänsel und Gretel legten sich hinein und meinten, sie seien im Himmel.

Die Alte hatte sich nur so freundlich gestellt, sie war aber eine böse Hexe, die Kindern auflauerte, und hatte das Brothäuslein bloß gebaut, um sie herbeizulocken. Wenn eines in ihre Gewalt kam, so sperrte sie es ein, kochte und aß es, und das war ihr ein Festtag. Hexen haben rote Augen und können nicht weit sehen, aber sie haben eine feine Nase, wie die Tiere, und merken es, wenn Menschen herankommen. Als Hänsel und Gretel in ihre Nähe gekommen waren, da lachte sie boshaft und sprach höhnisch: »Die habe ich, die sollen mir nicht wieder entwischen.« Frühmorgens, ehe die Kinder erwachten, stand sie schon auf, und als sie beide so lieblich ruhen sah, mit den vollen roten Backen, da murmelte sie vor sich hin: »Das wird ein guter Bissen werden.« Dann packte sie Hänsel mit ihrer dürren Hand, trug ihn in einen kleinen Stall und sperrte ihn mit einer Gittertüre ein; er mochte schreien, wie er wollte, es half ihm nichts. Dann ging sie zur Gretel, rüttelte sie wach und rief: »Steh auf, Faulenzerin, trag Wasser und koch deinem Bruder etwas Gutes, der sitzt draußen im Stall und soll fett werden. Wenn er fett ist, so will ich ihn essen.« Gretel fing an, bitterlich zu weinen, aber es war alles vergeblich; sie musste tun, was die böse Hexe verlangte.

Nun wurde dem armen Hänsel das beste Essen gekocht, aber Gretel bekam nichts als Krebsschalen. Jeden Morgen schlich die Alte zu dem Ställchen und rief: »Hänsel, streck deine Finger heraus, damit ich fühle, ob du bald fett bist.« Hänsel streckte ihr aber ein Knöchlein heraus, und die Alte, die trübe Augen hatte, konnte es nicht sehen und meinte, es seien Hänsels Finger, und wunderte sich, dass er gar nicht fett werden wollte. Als vier Wochen herum waren und Hänsel immer mager blieb, da überkam sie die Ungeduld, und sie wollte nicht länger warten. »Heda, Gretel«, rief sie dem Mädchen zu, »sei flink und trag Wasser: Hänsel mag fett oder mager sein, morgen will ich ihn essen.« Ach, wie jammerte das arme Schwesterchen, als es das Wasser tragen musste, und wie flossen ihm die Tränen über die Backen herunter! »Lieber Gott, hilf uns doch!«, rief sie aus. »Hätten uns nur die wilden Tiere im Wald gefressen, so wären wir doch zusammen gestorben.« »Spar nur dein Geplärre«, sagte die Alte, »es hilft dir alles nichts.«

Frühmorgens musste Gretel heraus, den Kessel mit Wasser aufhängen und Feuer anzünden. »Erst wollen wir backen«, sagte die Alte, »ich habe den Backofen schon eingeheizt und den Teig geknetet.« Sie stieß die arme Gretel hinaus zu dem Backofen, aus dem die Flammen schon herausschlugen. »Kriech hinein«, sagte die Hexe, »und sieh nach, ob recht eingeheizt ist, damit wir das Brot hineinschieben können.« Und wenn Gretel darin war, wollte sie den Ofen zumachen, und Gretel sollte darin braten, und dann wollte sie sie auch aufessen. Aber Gretel merkte, was sie im Sinn hatte, und sprach: »Ich weiß nicht, wie ich's machen soll; wie komm ich da hinein?« »Dumme Gans«, sagte die Alte, »die Öffnung ist groß genug, siehst du wohl, ich könnte selbst hinein.« Und sie krabbelte heran und steckte den Kopf in den Backofen. Da gab ihr Gretel einen Stoß, dass sie weit hineinstürzte, machte die eiserne Tür zu und schob den Riegel vor. Hu! Da fing sie an zu heulen, ganz grauslich; aber Gretel lief fort, und die gottlose Hexe musste elendiglich verbrennen.

Gretel aber lief schnurstracks zum Hänsel, öffnete sein Ställchen und rief: »Hänsel, wir sind erlöst, die alte Hexe ist tot.« Da sprang Hänsel heraus wie ein Vogel aus dem Käfig, wenn ihm die Tür aufgemacht wird. Wie haben sie sich gefreut, sind sich um den Hals gefallen, sind herumgesprungen und haben sich geküsst! Und weil sie sich nicht mehr zu fürchten brauchten, so gingen sie in das Haus der Hexe hinein; da standen in allen Ecken Kästen mit Perlen und Edelsteinen. »Die sind noch besser als Kieselsteine«, sagte Hänsel und steckte in seine Taschen, was hineinpasste, und Gretel meinte: »Ich will auch etwas mit nach Haus bringen«, und füllte sich ihr Schürzchen voll. »Aber jetzt wollen wir fort«, sagte Hänsel, »damit wir aus dem Hexenwald hinauskommen.« Als sie ein paar Stunden gegangen waren, gelangten sie an ein großes Wasser. »Wir können nicht hinüber«, sprach Hänsel, »ich sehe keinen Steg und keine Brücke.« »Hier fährt auch kein Schiffchen«, antwortete Gretel, »aber da schwimmt eine weiße Ente, wenn ich die bitte, so hilft sie uns hinüber.« Da rief sie:

»Entchen, Entchen,
da stehen Gretel und Hänsel.
Kein Steg und keine Brücke,
nimm uns auf deinen weißen Rücken.«

Das Entchen kam heran, und Hänsel setzte sich darauf und bat sein Schwesterchen, sich zu ihm zu setzen. »Nein«, antwortete Gretel, »es wird dem Entchen zu schwer, es soll uns nacheinander hinüberbringen.« Das tat das gute Tierchen, und als sie glücklich drüben waren und ein Weilchen weitergingen, da kam ihnen der Wald immer bekannter und immer bekannter vor, und endlich erblickten sie von Weitem ihres Vaters Haus. Da fingen sie an zu laufen, stürzten in die Stube hinein und fielen ihrem Vater um den Hals. Der Mann hatte keine frohe Stunde gehabt, seitdem er die Kinder im Walde gelassen hatte, die Frau aber war gestorben. Gretel schüttete ihr Schürzchen aus, dass die Perlen und Edelsteine in der Stube herumsprangen, und Hänsel warf eine Handvoll nach der anderen aus seiner Tasche dazu. Da hatten alle Sorgen ein Ende, und sie lebten in lauter Freude zusammen.

Froschkönig

Mit einem Frosch zu Abend essen und sogar das Bett teilen? Iiiih, wie eklig, das geht doch gar nicht, werden sich viele von uns sagen. So empfindet es auch die Prinzessin im Märchen »Froschkönig«. Doch was soll sie tun? Schließlich hatte sie dem hässlichen Tier versprochen, seine Freundin zu werden, wenn es ihre verloren gegangene goldene Kugel aus den Tiefen eines Brunnens emporholt. Der Frosch liefert, lässt danach nicht locker und bekommt sogar Rückendeckung vom König. Was zu einem überraschenden Ende führt und zu der Einsicht: Was man verspricht, muss man auch halten. Und vieles, was auf den ersten Blick hässlich erscheint, entpuppt sich beim genaueren Hinsehen als wahrer Schatz.

Peter Kloeppel

n den alten Zeiten, wo das Wünschen noch geholfen hat, lebte ein König, dessen Töchter waren alle schön, aber die Jüngste war so schön, dass die Sonne selbst, die doch so vieles gesehen hat, sich wunderte, sooft sie ihr ins Gesicht schien. Nahe bei dem Schlosse des Königs lag ein großer, dunkler Wald, und in dem Walde unter einer alten Linde war ein Brunnen. Wenn nun der Tag recht heiß war, so ging die Königstochter hinaus in den Wald und setzte sich an den Rand des kühlen Brunnens, und wenn sie Langeweile hatte, so nahm sie eine goldene Kugel, warf sie in die Höhe und fing sie wieder; und das war ihr liebstes Spielzeug.

Nun trug es sich einmal zu, dass die goldene Kugel nicht in ihr Händchen fiel, das sie in die Höhe gehalten hatte, sondern daran vorbei auf die Erde schlug und ins Wasser hineinrollte. Die Königstochter folgte ihr mit den Augen, aber die Kugel verschwand, und der Brunnen war tief, so tief, dass man keinen Grund sah. Da fing sie an zu weinen und weinte immer lauter und konnte sich gar nicht trösten. Und wie sie so klagte, rief ihr jemand zu: »Was hast du vor, Königstochter? Du schreist ja, dass sich ein Stein erbarmen möchte.« Sie sah sich um, woher die Stimme käme, da erblickte sie einen Frosch, der seinen dicken, hässlichen Kopf aus dem Wasser streckte.

»Ach, du bist's, alter Wasserpatscher«, sagte sie, »ich weine über meine goldene Kugel, die mir in den Brunnen hinabgefallen ist.« »Sei still und weine nicht«, antwortete der Frosch, »ich kann dir wohl helfen, aber was gibst du mir, wenn ich dein Spielzeug wieder heraufhole?« »Was du haben willst, lieber Frosch«, sagte sie, »meine Kleider, meine Perlen und Edelsteine, auch noch die goldene Krone, die ich trage.« Der Frosch antwortete: »Deine Kleider, deine Perlen und Edelsteine und deine goldene Krone, die mag ich nicht; aber wenn du mich lieb haben willst und ich soll dein Geselle und Spielkamerad sein, an deinem Tischlein neben dir sitzen, von deinem goldenen Tellerlein essen, aus deinem Becherlein trinken, in deinem Bettlein schlafen; wenn du mir das versprichst, so will ich hinuntersteigen und dir die goldene Kugel wieder heraufholen.« »Ach ja«, sagte sie, »ich verspreche dir alles, was du willst, wenn du mir nur die Kugel wiederbringst.« Sie dachte aber: »Was der einfältige Frosch schwätzt, der sitzt im Wasser bei seinesgleichen und quakt und kann keines Menschen Geselle sein.«

Als der Frosch die Zusage erhalten hatte, tauchte er seinen Kopf unter, sank hinab, und nach einem Weilchen kam er wieder heraufgerudert, hatte die Kugel im Maul und warf sie ins Gras. Die Königstochter war voller Freude, als sie ihr schönes Spielzeug wieder erblickte, hob es auf und sprang damit fort.

»Warte, warte«, rief der Frosch, »nimm mich mit, ich kann nicht so laufen wie du.« Aber was half ihm, dass er ihr sein »Quak! Quak!« so laut nachschrie, wie er konnte! Sie hörte nicht darauf, eilte nach Hause und hatte bald den armen Frosch vergessen, der wieder in seinen Brunnen hinabsteigen musste.

Am anderen Tage, als sie sich mit dem König und allen Hofleuten zur Tafel gesetzt hatte und von ihrem goldenen Tellerlein aß, da kam, plitsch, platsch, plitsch, platsch, etwas die Marmortreppe heraufgehüpft, und als es oben angelangt war, klopfte es an die Tür und rief: »Königstochter, mach mir auf.« Sie lief und wollte sehen, wer draußen wäre; als sie aber aufmachte, saß der Frosch davor. Da warf sie die Tür hastig zu, setzte sich wieder an den Tisch, und es war ihr ganz angst. Der König sah wohl, dass ihr das Herz gewaltig klopfte, und sprach: »Mein Kind, was fürchtest du dich, steht etwa ein Riese vor der Tür und will dich holen?« »Ach nein«, antwortete sie, »es ist kein Riese, sondern ein garstiger Frosch.« »Was will der Frosch von dir?« »Ach, lieber Vater, als ich gestern im Wald bei dem

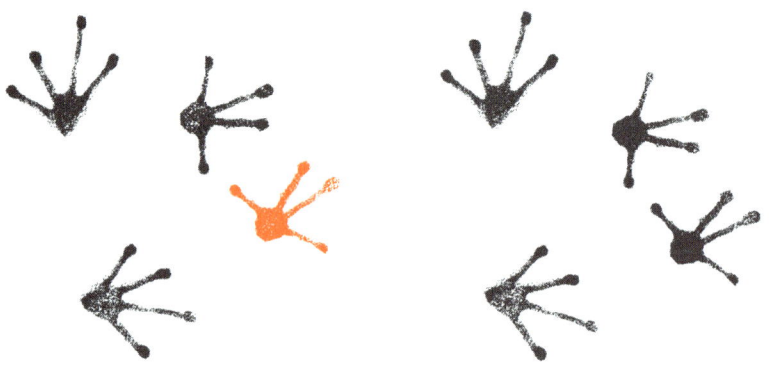

Brunnen saß und spielte, da fiel meine goldene Kugel ins Wasser. Und weil ich so weinte, hat sie der Frosch wieder heraufgeholt, und weil er es verlangte, so versprach ich ihm, er solle mein Geselle werden, ich dachte aber nimmermehr, dass er aus seinem Wasser herauskönnte. Nun ist er draußen und will zu mir herein.« Da klopfte es zum zweiten Mal und rief:

»Königstochter,

mach mir auf,

weißt du nicht, was gestern

du zu mir gesagt

bei dem kühlen Brunnenwasser?

Königstochter,

mach mir auf.«

Da sagte der König: »Was du versprochen hast, das musst du auch halten; geh nur und mach ihm auf.« Sie ging und öffnete die Tür, da hüpfte der Frosch herein, ihr immer auf dem Fuße nach, bis zu ihrem Stuhl. Da saß er und rief: »Heb mich herauf zu dir.« Sie zauderte, bis es endlich der König befahl.

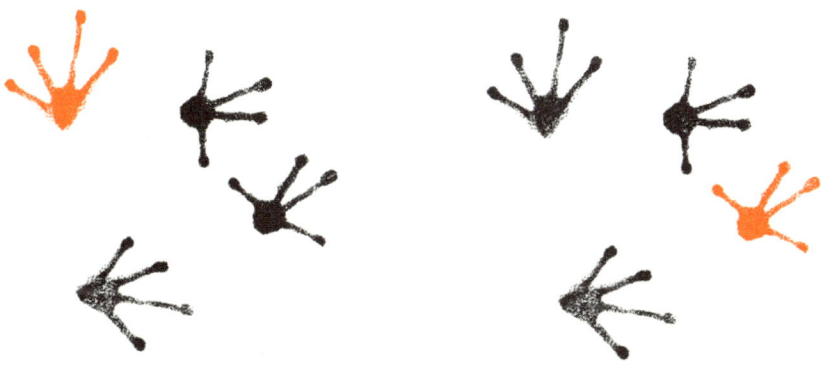

Als der Frosch erst auf dem Stuhl war, wollte er auf den Tisch, und als er da saß, sprach er: »Nun schieb mir dein goldenes Tellerlein näher, damit wir zusammen essen.« Das tat sie zwar, aber man sah wohl, dass sie es nicht gerne tat. Der Frosch ließ sich's gut schmecken, aber ihr blieb fast jedes Bisslein im Halse stecken. Endlich sprach er: »Ich habe mich satt gegessen und bin müde, nun trag mich in dein Kämmerlein und mach dein seidenes Bettlein zurecht; da wollen wir uns schlafen legen.« Die Königstochter fing an zu weinen und fürchtete sich vor dem kalten Frosch, den sie sich nicht anzurühren traute und der nun in ihrem schönen, reinen Bettlein schlafen sollte. Der König aber wurde zornig und sprach: »Wer dir geholfen hat, als du in der Not warst, den sollst du danach nicht verachten.« Da packte sie den Frosch mit zwei Fingern, trug ihn hinauf und setzte ihn in eine Ecke. Als sie aber im Bett lag, kam er gekrochen und sprach: »Ich bin müde, ich will schlafen so gut wie du. Heb mich herauf, oder ich sag's deinem Vater.« Da wurde sie bitterböse, holte ihn herauf und warf ihn mit aller Kraft an die Wand. »Nun wirst du Ruhe haben, du garstiger Frosch!«

Als er aber herabfiel, war er kein Frosch, sondern ein Königssohn mit schönen und freundlichen Augen. Der war nun nach ihres Vaters Willen ihr lieber Geselle und Gemahl. Da erzählte er ihr, er sei von einer bösen Hexe verwünscht worden, und niemand hätte ihn aus dem Brunnen erlösen können als sie allein, und morgen wollten sie zusammen in sein Reich gehen. Dann schliefen sie ein, und am anderen Morgen, als die Sonne sie aufweckte, kam ein Wagen herangefahren, mit acht weißen Pferden bespannt, die hatten weiße Straußenfedern auf dem Kopf und gingen in goldenen Ketten, und hinten stand der Diener des jungen Königs, das war der treue Heinrich. Der treue Heinrich war so betrübt gewesen, als sein Herr in einen Frosch verwandelt worden war, dass er drei eiserne Bande hatte um sein Herz legen lassen, damit es ihm nicht vor Weh und Traurigkeit zerspränge. Der Wagen aber sollte den jungen König in sein Reich abholen; der treue Heinrich hob beide hinein, stellte sich wieder hinten hinauf und war voller Freude über die Erlösung. Und als sie ein Stück des Weges gefahren waren, hörte der Königssohn, dass es hinter ihm krachte, als wäre etwas zerbrochen. Da drehte er sich um und rief:

»Heinrich, der Wagen bricht!«

»Nein, Herr, der Wagen nicht,

es ist ein Band von meinem Herzen,

das da lag in großen Schmerzen,

als Ihr in dem Brunnen saßt,

als Ihr noch ein Frosch wart.«

Noch einmal und noch einmal krachte es auf dem Weg, und der Königssohn meinte immer, der Wagen breche, und es waren doch nur die Bande, die vom Herzen des treuen Heinrich absprangen, weil sein Herr erlöst und glücklich war.

Die zehnte Münze

Märchen waren die ersten Texte, die wir als Kinder gelesen haben, und sie waren der Wind in den Segeln unserer Fantasie. Die liebsten Märchen waren uns jene, in denen der von allen verachtete »Dummling« sich am Ende als der mutigste und hellste Kopf erwiesen hat. Es war uns eine Mahnung, niemals aufzugeben, sondern unseren Weg weiterzugehen, bis wir unser Ziel erreicht haben. So ist es auch bei Grete aus unserem Märchen. Auch sie wird verachtet, doch ist sie dazu auserwählt, mehr zu werden als jene, die dies tun.

esonders hässlich!«

Zuerst glaubte Grete, Antons Ausspruch gelte ihr. Er redete immer schlecht von ihr und steckte damit auch die anderen Knechte und die beiden hübschen Mägde Marla und Rosa an. Dabei war auch sie früher recht ansehnlich gewesen. Bei ihrer schweren Krankheit im Winter aber hatte die Heilfrau ihr die Haare abschneiden müssen, und es waren Narben in ihrem Gesicht zurückgeblieben, die nur ganz langsam verheilten. Daher galt sie nun als hässlich.

Von der Bäuerin bekam sie nur noch die schlechtesten Kleider und die schmutzigsten Arbeiten zugeteilt, und Lob erhielt sie gar keines mehr. Das blieb Marla und Rosa vorbehalten, obwohl die beiden um einiges weniger taten als sie. Grete hätte gerne den Dienst gewechselt, doch Anton und die anderen einschließlich des Bauernpaares hatten überall so schlecht über sie geredet, dass niemand sie nehmen würde.

Gretes Blick glitt zur Wiese des Nachbarn hinüber. Bauer Mathias besaß einen größeren Hof als ihr Brotherr und war auch viel angesehener. Früher hatte er freundlich mit ihr gesprochen. Doch seit seine schwangere Frau an der Krankheit gestorben war, die sie so mühsam überstanden hatte, war er hart geworden und kümmerte sich nur noch um seinen Hof. Ein gutes Wort hatte er für niemanden mehr.

»So ein hässliches Ding! Schau, wie es humpelt!«, rief Anton.

Damit konnte sie nicht gemeint sein, dachte Grete, denn sie humpelte ganz gewiss nicht. Sie nahm nun wahr, dass die bösen Worte einer struppigen grauen Katze galten. Das Tier hatte rechts nur noch ein halbes Ohr und zog das linke Hinterbein mühsam nach. Anton hob einen Stein auf und wollte damit nach der Katze werfen.

»Warum tust du das? Das Kätzchen hat dir doch gar nichts getan«, tadelte Grete ihn und lockte das Tier zu sich.

Marla begann zu lachen, als die Katze auf Grete zuhinkte. »Hässlich und hässlich gesellt sich gern!«

Ohne auf ihren Spott zu achten, hob Grete die Katze auf und streichelte sie. »Na, meine Kleine, dir ist es wohl nicht gut ergangen?« Zu ihrer Verwunderung schien die Katze zu nicken.

»Hässliche Grete, hässliche Katze!«, spottete Rosa, während Anton auf die Wiese zeigte.

»Die Pause ist vorbei! Jetzt heißt es wieder arbeiten.«

Grete setzte die Katze sanft auf den Boden zurück. Die Knechte ergriffen ihre Sensen und begannen zu mähen, während die Mägde das geschnittene Gras mit Forken aufschüttelten, damit es schneller trocknen und zu Heu werden konnte. Eigentlich hätte jede Magd hinter einem Knecht herarbeiten müssen. Grete schaffte dies auch, während Marla und Rosa immer weiter zurückblieben.

»Hilf ihnen!«, wies Anton Grete an.

Diese gehorchte mit einem leisen Schnauben und blickte dabei erneut zu Bauer Mathias' Wiese hinüber. Auch dort wurde Gras gemäht, und alle Mägde hielten mit den Männern mit. Mathias selbst gab den Takt an. Ihr eigener Bauer hingegen hielt es für unter seiner Würde, auf dem Feld zu arbeiten.

Grete verscheuchte die Gedanken, die sie nur bei der Arbeit störten. Da sie Marla und Rosa helfen musste, kam sie selbst in Verzug und wurde von Anton gescholten. Verbissen lockerte sie das Gras und war schließlich froh, als der Abend kam und alle nach Hause gingen.

Auf einmal war die struppige Katze wieder bei ihr. Voller Mitleid hob Grete sie auf. »Hast wohl Hunger? Gleich bekommst du was«, sagte sie und streichelte das magere Tier.

***

Als sie den Hof erreichten, war die Zeit der Stallarbeit gekommen. Grete molk die Kühe und wollte der Katze ein wenig Milch in ein Schälchen gießen.

Da fuhr die Bäuerin sie empört an: »Du wirst diesem Vieh nichts von unserer guten Milch geben! Das kannst du mit der Milch tun, die du zum Abendbrot bekommst.«

»Ja, Herrin!«, antwortete Grete und fragte sich, wie Menschen so herzlos sein konnten. Sie erledigte ihre Arbeit, erhielt anschließend von der Bäuerin ihr Abendessen zugeteilt und goss ein wenig von ihrer Milch in eine alte Schale.

Die Bäuerin zeterte erneut. »In meiner sauberen Küche hat dieses Viehzeug nichts verloren! Wenn du unbedingt dein Essen verschwenden willst, tu es gefälligst draußen.«

»Und du kannst auch gleich draußen bleiben«, stichelte Marla, und Anton lachte höhnisch.

Grete biss die Zähne zusammen und verließ mit der Katze auf dem Arm die Küche. Da die Arbeit für diesen Tag getan war, suchte sie ihren Verschlag über dem Schweinestall auf, in dem außer einem schmalen Bett mit Strohsack nur eine alte Truhe stand, die ihren geringen Besitz enthielt. Sie setzte sich auf die Truhe und stellte der Katze das Schüsselchen Milch hin. Während die Katze durstig die Milch schlabberte, begann sie zu essen.

Als sie satt war, machte sie sich für die Nacht zurecht und legte sich ins Bett.

Die Katze sprang zu ihr hinauf und schmiegte sich an ihre Füße. Wohl selten war Grete schneller eingeschlafen als an diesem Abend.

Irgendwann in der Nacht erwachte sie und bemerkte, dass die Katze fort war. Es tat ihr leid, denn sie fühlte sich mit dem Tier verbunden. Sie beide waren Außenseiter und wurden von niemandem gemocht. Mit diesem Gedanken schlief sie wieder ein und wachte erst auf, als etwas gegen ihre Füße stieß. Es war die Katze – und in ihrem Maul trug sie eine goldene Münze.

»Wo hast du die denn her? Doch nicht etwa von Bauer Mathias gestohlen?«, fragte Grete erschrocken. Mathias war der Einzige, dem sie zutraute, ein solches Goldstück zu besitzen. Ihr Bauer hatte gewiss keines.

Die Katze schüttelte den Kopf und wies dann in eine Richtung, bei der es Grete kalt über den Rücken lief.

»Du warst doch nicht etwa bei dem verfluchten Schloss?«, fragte sie und erschauerte.

Das Schloss befand sich keine halbe Meile vom Dorf entfernt in einer verlassenen Gegend und war unbewohnt. Der Überlieferung zufolge hatte dort eine grausame Herrin gelebt, die von Gott für ihre Untaten verflucht und zur Höllenstrafe verurteilt worden war. Seit jener Zeit wurden das Schloss und die dazu gehörenden Liegenschaften von allen gemieden.

Gold aus diesem verfluchten Schloss wollte Grete gewiss nicht haben. Sie erwog, die Münze wegzuwerfen, andererseits aber konnte diese ihr womöglich helfen, den erbärmlichen Dienst bei ihrem Bauern aufzukündigen und anderswo neu anzufangen, wo man sie wegen ihres Fleißes schätzte. Daher versteckte Grete das Goldstück unter ihrem Strohsack. Wenig später erklang Antons Stimme und rief das Gesinde zum Tagewerk.

Nach der Stallarbeit teilte Grete wiederum ihre Milch mit der Katze und folgte dann den anderen auf die Wiese. Auch an diesem Tag galt die Hauptarbeit dem Heu. Marla und Rosa waren wie üblich faul, und Anton und die anderen Knechte

überschlugen sich auch nicht gerade vor Eifer. Grete blickte mehrfach zu Bauer Mathias' Wiese hinüber. Wie meistens arbeitete er an vorderster Stelle, und dort blieb niemand hinter den anderen zurück.

Zu Mittag brachten auf Gretes Seite die Bäuerin und drüben ein alter Knecht das Essen. Auch ohne in die Töpfe schauen zu müssen, war Grete sich gewiss, dass es bei Mathias etwas Besseres gab als trockenes Brot, etwas Schweineschmalz und das dünne Bier, das ihnen die Bäuerin auftischte.

Am Nachmittag ging das Heuen weiter, und zuletzt mussten sie das bereits gut abgetrocknete Heu auf Gestelle aufbringen, damit es durch den Tau in der Nacht nicht feucht wurde. Bei Mathias drüben wurde es ebenso gemacht.

Auf dem Heimweg fand Grete sich plötzlich neben dem Nachbarn wieder. Mathias nickte ihr zu, und sein sonst so verschlossenes Gesicht verzog sich zu einem anerkennenden Lächeln.

»Du bist sehr fleißig, das muss ich sagen.«

»Ich tue nur meine Arbeit«, antwortete Grete beklommen. Immerhin war er der größte Bauer im Dorf und sie die letzte Magd.

»Andere könnten sich an dir ein Beispiel nehmen«, fuhr der Bauer fort und deutete auf Rosa und Marla, deren Leistung auch an diesem Tag wieder weit hinter der von Grete zurückgeblieben war. Er musterte die Magd, und es schien, als nehme er die Narben in ihrem Gesicht auf einmal nicht mehr so deutlich wahr. Mit einem verwirrten Ausdruck in den Augen verabschiedete er sich rasch.

***

Am Abend teilte Grete ihre Milch wieder mit der Katze und legte sich ins Bett. Als sie am nächsten Morgen erwachte, lag eine weitere Goldmünze neben ihr. Das geht nicht mit rechten Dingen zu, dachte sie und musterte die Katze mit einem zweifelnden Blick. Diese strich um ihre Beine und schnurrte.

»Du kannst aber doch nicht böse sein«, flüsterte Grete und nahm die Münze vorsichtig in die Hand. Obwohl sie ganz offensichtlich aus Gold bestand, fühlte sie sich nicht anders an als die kleinen Scheidemünzen, die sie im Herbst als Teil ihres Lohnes erhielt. Sie war aber viel wertvoller. Grete schätzte, dass sie selbst in zehn Jahren nicht so viel würde sparen können, wie die beiden Münzen wert waren. Die Hoffnung, vielleicht doch von hier weggehen zu können, brachte sie dazu, auch dieses Goldstück unter ihrem Strohsack zu verstecken.

So ging es sieben weitere Tage. Grete teilte ihre Milch mit der Katze und erhielt dafür jedes Mal eine Münze. Zuletzt

besaß sie neun Stück, und dies war ein Schatz, wie ihn im Dorf außer Bauer Mathias wohl keiner besaß. Hatte Grete nach der dritten und vierten Münze noch Hoffnungen gehegt, mit diesem Geld vielleicht einen Mann zu finden, der sie trotz der Narben in ihrem Gesicht heiraten und mit dem zusammen sie einen Bauernhof würde kaufen können, bereiteten ihr die weiteren Münzen nun Sorgen. Wenn einer der Knechte, eine der Mägde oder gar das Bauernpaar sie fanden, würde man sie ihr unweigerlich wegnehmen. Von diesem Gedanken geplagt, konnte sie in der zehnten Nacht nicht einschlafen.

Auch die Katze war unruhig und kam nicht wie sonst zu Grete, sondern lief in dem Verschlag hin und her. Schließlich sprang sie doch aufs Bett, stupste Grete an und brachte ihr ein Tuch. Zunächst begriff Grete nicht, was sie damit tun sollte. Doch da zerrte die Katze an ihrem Strohsack, holte eine Münze darunter hervor, schob sie auf das Tuch und wiederholte dies mehrmals.

»Du meinst, ich soll mein Geld nehmen und heimlich verschwinden?«, fragte Grete verblüfft und erntete ein Nicken der Katze.

»Du hast recht!«, erwiderte sie. »Ich bin die Bosheiten der anderen leid. Dich nehme ich mit, und du sollst es gut bei mir haben!« Nach diesen Worten packte sie das wenige, das sie besaß, zu einem Bündel und verließ leise ihren Verschlag. Sie gelangte ungesehen vom Hof und lief zunächst hinter der Katze her. Als sie sah, dass diese auf das verwunschene Schloss zuhielt, blieb sie stehen.

»Dahin gehe ich nicht!«

Die Katze machte kehrt, packte den Saum von Gretes Kleid mit ihren Zähnen und zerrte sie auf das Schloss zu. Das Tier besaß mehr Kraft, als Grete erwartet hatte. Sie hätte ihr Kleid zerreißen müssen, um freizukommen. Irgendetwas riet ihr, dem Willen der Katze zu folgen, und so sah sie wenig später das Schloss im Licht des Vollmonds vor sich aufragen. Sie wollte es nicht betreten, doch die Katze gab nicht nach, bis sie das Portal durchschritt, das ihr wie ein riesiges Maul vorkam, welches sie zu verschlingen drohte.

Im Inneren war alles von Unrat und Schmutz bedeckt. Dutzende Ratten liefen herum und funkelten Grete aus kleinen roten Augen böse an. Grete wollte stehen bleiben, doch die Katze zerrte sie einfach weiter. Sofort stürzten sich die Ratten auf sie. Grete versetzte einigen von ihnen, die die Katze packen wollten, heftige Tritte. Sie selbst wurde mehrmals gebissen, rettete sich dann aber auf eine Plattform, die die Ratten mieden. Auch die Katze hatte es dorthin geschafft und wies mit ihrem Kopf auf eine Truhe.

»Greif hinein und hol die zehnte Münze heraus!«

Es war, als hätte die Katze zu ihr gesprochen. Grete starrte sie verwundert an, öffnete den Deckel der Truhe und prallte zurück. Sie war bis zum Rand mit großen, fetten Spinnen gefüllt.

»Tu es!«, drängte die Stimme.

Grete nahm allen Mut zusammen, schloss die Augen und stieß die Hand in die Truhe. Es war, als würden hundert Wespen zugleich zustechen. Grete schrie vor Schmerz, doch ihre Hände tasteten dennoch den Boden der Truhe ab. Auf einmal fühlte sie etwas Rundes zwischen den Fingern, packte es und zog die Hand blitzschnell zurück. Es war die Münze. Im selben Augenblick löste sich die Truhe samt den Spinnen auf, die Ratten verschwanden, und sie fand sich in einer sauberen Halle wieder.

Auch die Katze war weg. Stattdessen stand die durchscheinende Gestalt einer alten Frau vor ihr.

»Ich danke dir!«, sagte sie. »Du hast mich gerettet.«

»Wer bist du?«, fragte Grete verwundert.

»Ich war einst die Herrin dieses Schlosses und habe ein übles Leben geführt. Als ich einen frommen Eremiten, der mir ins Gewissen reden wollte, in den Kerker werfen ließ, verfluchte er mich, nach meinem Tod in eine Katze verwandelt zu werden und erst dann auf Erlösung durch Gott hoffen zu können, wenn ein Mädchen mit reinem Herzen die zehnte Münze aus der Truhe holt. Er ließ mir drei Versuche. Du bist die Dritte, die dazu bereit war. Die anderen vermochten es jedoch nicht. Hättest du es nicht getan, wäre ich auf ewig in die Hölle verbannt worden.«

Die Frau strich sanft über Gretes Gesicht. Es war ein angenehmes Gefühl, und die Verspannungen durch die Narben verschwanden wie von Zauberhand. »Es ist nur ein kleiner Dank, den ich dir geben kann«, fuhr die alte Frau fort. »Doch vielleicht kann er dein Schicksal ändern.«

Auf Gretes Lippen lagen tausend Fragen, doch bevor sie auch nur eine davon stellen konnte, öffnete sich ein leuchtendes Tor im Raum, und die Frau schritt hindurch. Grete sah ihr nach und wusste nicht, was sie denken oder glauben sollte. Als sie sich über das Gesicht fuhr, begriff sie, dass die Narben tatsächlich nicht mehr da waren. Dazu besaß sie zehn Goldstücke,

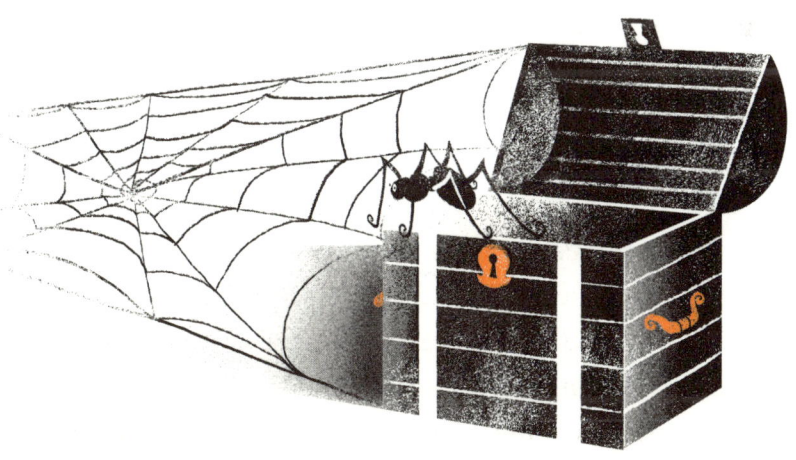

und diese würden ihr helfen, ein neues Leben zu beginnen. Mit diesen Gedanken verließ sie das Schloss. Nach wenigen Schritten traf sie unvermittelt auf Bauer Mathias.

»Ist es dir gelungen?«, fragte dieser angespannt.

»Was?«

»Die zehnte Münze zu holen! Meine Mutter hat es vor vielen Jahren versucht, doch sie vermochte es nicht. Später berichtete sie mir davon und bat mich, die Augen offen zu halten, wenn eine andere hier erscheint. Heute hat mich eine Stimme geweckt und mir gesagt, ich solle zum verwunschenen Schloss kommen.«

Während er das sagte, fiel der Schein des Vollmondes auf Gretes Gesicht, und er bemerkte, dass die Narben darauf verschwunden waren.

»Wer dich so sieht, kann dich niemals hässlich nennen!«, rief er mit leuchtenden Augen. »Du hast vollbracht, woran meine Mutter gescheitert ist. Sie hat es bis zu ihrem Tod nicht verwunden, doch nun kann sie in Frieden ruhen.«

Mathias verstummte einen Augenblick und fasste dann nach Gretes Händen. »Willst du mit mir auf meinen Hof kommen, nicht als Magd, sondern als meine Ehefrau? Ich habe mein erstes Weib ehrlich betrauert, doch nun ist der Tag gekommen, auch an morgen zu denken.«

Grete erschrak, doch es war ein freudiger Schreck. Sie hatte Bauer Mathias schon immer verehrt, es sich aber nie richtig eingestanden. Nun aber nickte sie und sah ihn dann lächelnd an. »Ich bin dazu bereit!«

Noch während sie dies sagte, reichte sie ihm die zehn Goldmünzen. »Eine ganz arme Magd bin ich nun nicht mehr, wie du siehst.«

»Meine Mutter hat die ihren nicht behalten können, doch du vermochtest die Aufgabe zu vollbringen und hast die Schlossherrin erlöst!« Mathias atmete tief durch und reichte Grete den Arm. »Komm, das ganze Dorf soll erfahren, dass wir ein Paar geworden sind!«

***

Mit den zehn Münzen erwarben Grete und Mathias das Schloss und das dazugehörende Land, und ihr Sohn begründete das Geschlecht derer von Katzenburg, das bis zum heutigen Tag besteht.

Schneewittchen

Ich fand Märchen schon als Kind super. Sie fördern Kreativität, Vorstellungskraft und Fantasie – was vielen heute fehlt. Besonders mochte ich »Schneewittchen«. Das Märchen zeigt, dass auf jeden irgendwo ein Prinz oder eine Prinzessin wartet. Und es steht für Toleranz, Vielfalt und Inklusion. Wo sonst gibt es so eine ungewöhnliche WG von sieben Kleinwüchsigen mit einer jungen Frau? Außerdem erinnert »Schneewittchen« daran, dass Äußerlichkeiten nicht alles sind und Schönheitswahn wahnsinnig machen kann. Aber das Leben ist nicht nur rosa-blau und fast immer kommt irgendeine böse Königin mit einem vergifteten Apfel vorbei. Doch das Wunderbare an Märchen ist: Egal, wie verrückt die Stiefmama ist: Am Ende siegt trotzdem das Gute.

 s war einmal mitten im Winter, und die Schneeflocken fielen wie Federn vom Himmel herab, da saß eine Königin an einem Fenster, das einen Rahmen von schwarzem Ebenholz hatte, und nähte. Und wie sie so nähte und nach dem Schnee aufblickte, stach sie sich mit der Nadel in den Finger, und es fielen drei Tropfen Blut in den Schnee. Und weil das Rote im weißen Schnee so schön aussah, dachte sie bei sich: »Hätt ich ein Kind so weiß wie Schnee, so rot wie Blut und so schwarz wie das Holz an dem Rahmen.« Bald darauf bekam sie ein Töchterlein, das war so weiß wie Schnee, so rot wie Blut und so schwarzhaarig wie Ebenholz und wurde darum das Schneewittchen genannt. Und wie das Kind geboren war, starb die Königin.

Nach einem Jahr nahm sich der König eine andere Gemahlin. Es war eine schöne Frau, aber sie war stolz und hochmütig und konnte nicht leiden, dass sie an Schönheit von jemandem sollte übertroffen werden. Sie hatte einen Zauberspiegel; wenn sie vor den trat und sich darin anschaute, sprach sie:

»Spieglein, Spieglein an der Wand,

wer ist die Schönste im ganzen Land?«

Und der Spiegel antwortete:

»Frau Königin, Ihr seid die Schönste im Land.«

Da war sie zufrieden, denn sie wusste, dass der Spiegel die Wahrheit sagte.

Schneewittchen aber wuchs heran und wurde immer schöner, und als es sieben Jahre alt war, war es so schön wie der klare Tag und schöner als die Königin selbst. Als diese einmal ihren Spiegel fragte:

»Spieglein, Spieglein an der Wand,

wer ist die Schönste im ganzen Land?«,

so antwortete er:

»Frau Königin, Ihr seid die Schönste hier,

aber Schneewittchen ist tausendmal schöner als Ihr.«

Da erschrak die Königin und wurde gelb und grün vor Neid. Von nun an, wenn sie Schneewittchen erblickte, kehrte sich ihr das Herz im Leibe herum, so sehr hasste sie das Mädchen. Und der Neid und Hochmut wuchsen wie ein Unkraut in ihrem Herzen immer höher, sodass sie Tag und Nacht keine Ruhe mehr hatte. Da rief sie einen Jäger und sprach: »Bring das Kind hinaus in den Wald, ich will's nicht mehr vor meinen Augen sehen. Du sollst es töten und mir Lunge und Leber zum Wahrzeichen mitbringen.« Der Jäger gehorchte und führte es hinaus, und als er das Messer gezogen hatte und Schneewittchens unschuldiges Herz durchbohren wollte, fing es an zu weinen und sprach: »Ach, lieber Jäger, lass mir mein Leben; ich will in den

wilden Wald laufen und nimmermehr wieder heimkommen.«
Und weil es so schön war, hatte der Jäger Mitleid und sprach:
»So lauf hin, du armes Kind.« »Die wilden Tiere werden dich
bald gefressen haben«, dachte er, und doch war's ihm, als wär
ein Stein von seinem Herzen gewälzt, weil er es nicht zu töten brauchte. Und als gerade ein junges Wildschwein daher-
gesprungen kam, stach er es ab, nahm Lunge und Leber heraus
und brachte sie als Wahrzeichen der Königin mit.

Nun war das arme Kind in dem großen Wald mutterseelen-
allein, und es wurde ihm so angst, dass es alle Blätter an den
Bäumen ansah und nicht wusste, wie es sich helfen sollte. Da
fing es an zu laufen und lief über die spitzen Steine und durch
die Dornen, und die wilden Tiere sprangen an ihm vorbei, aber
sie taten ihm nichts. Es lief, solange die Füße konnten, bis es
bald Abend werden wollte; da sah es ein Häuschen und ging
hinein, um sich auszuruhen. In dem Häuschen war alles klein,
aber so zierlich und reinlich, dass man es kaum beschreiben
kann. Da stand ein weiß gedecktes Tischlein mit sieben kleinen Tellern, jedes Tellerlein mit seinem Löffelein, ferner sieben
Messerlein und Gäblein und sieben Becherlein. An der Wand
waren sieben Bettlein nebeneinander aufgestellt und schnee-
weiße Laken darübergedeckt. Weil Schneewittchen so hungrig
und durstig war, aß es von jedem Tellerlein ein wenig Gemüse
und Brot und trank aus jedem Becherlein einen Tropfen Wein;
denn es wollte nicht einem allein alles wegnehmen. Und weil es
so müde war, legte es sich danach in ein Bettchen, aber keines
passte; das eine war zu schmal, das andere zu kurz, bis endlich

das siebente recht war; und darin blieb es liegen, sprach das Nachtgebet und schlief ein.

Als es ganz dunkel geworden war, kamen die Herren von dem Häuslein; das waren die sieben Zwerge, die in den Bergen nach Erz hackten und gruben. Sie zündeten ihre sieben Lichtlein an, und wie es nun hell im Häuslein wurde, sahen sie, dass jemand darin gewesen war, denn es stand nicht alles so in der Ordnung, wie sie es verlassen hatten.

Der erste sprach: »Wer hat auf meinem Stühlchen gesessen?«

Der zweite: »Wer hat von meinem Tellerchen gegessen?«

Der dritte: »Wer hat von meinem Brötchen genommen?«

Der vierte: »Wer hat von meinem Gemüse gegessen?«

Der fünfte: »Wer hat mit meinem Gäbelchen gestochen?«

Der sechste: »Wer hat mit meinem Messerchen geschnitten?«

Der siebente: »Wer hat aus meinem Becherlein getrunken?«

Dann blickte sich der erste um und sah, dass auf seinem Bett eine kleine Delle war, da sprach er: »Wer hat in mein Bettchen getreten?« Die anderen kamen gelaufen und riefen: »In meinem hat auch jemand gelegen.« Als der siebente aber in sein Bett sah, erblickte er Schneewittchen, das lag darin und schlief. Nun rief er die anderen; die kamen herbeigelaufen und schrien vor Verwunderung, so holten sie ihre sieben Lichtlein und beleuchteten Schneewittchen. »Ei, du mein Gott! Ei, du mein Gott!«, riefen sie. »Was ist das Kind so schön!« Und sie hatten so große Freude, dass sie es nicht aufweckten, sondern im Bettlein weiterschlafen ließen. Der siebente Zwerg aber schlief bei seinen Gesellen, bei jedem eine Stunde, da war die Nacht herum.

Als es Morgen war, erwachte Schneewittchen, und wie es die sieben Zwerge sah, erschrak es. Sie waren aber freundlich und fragten: »Wie heißt du?« »Ich heiße Schneewittchen«, antwortete es. »Wie bist du in unser Haus gekommen?«, sprachen weiter die Zwerge. Da erzählte es ihnen, dass seine Stiefmutter es habe umbringen lassen wollen, der Jäger habe ihm aber das Leben geschenkt, und da sei es gelaufen den ganzen Tag, bis es endlich ihr Häuslein gefunden habe. Die Zwerge sprachen: »Willst du unseren Haushalt führen, kochen, Betten machen, waschen, nähen und stricken, so kannst du bei uns bleiben, und es soll dir an nichts fehlen.« »Ja«, sagte Schneewittchen, »von Herzen gern«, und es blieb bei ihnen. Es hielt ihnen das Haus in Ordnung: Morgens gingen sie in die Berge und suchten Erz und Gold, abends kamen sie wieder, und da musste ihr Essen bereit sein. Den Tag über war das Mädchen allein, da warnten es die guten Zwerglein und sprachen: »Hüte dich vor deiner Stiefmutter; sie wird bald wissen, dass du hier bist; lass ja niemanden herein.«

Die Königin aber dachte, nachdem sie Schneewittchens Lunge und Leber gegessen zu haben glaubte, sie sei wieder die Erste und die Allerschönste, trat vor ihren Spiegel und sprach:

»Spieglein, Spieglein an der Wand,
wer ist die Schönste im ganzen Land?«

Da antwortete der Spiegel:

»Frau Königin, Ihr seid die Schönste hier,
aber Schneewittchen über den Bergen
bei den sieben Zwergen
ist noch tausendmal schöner als Ihr.«

Da erschrak sie, denn sie wusste, dass der Spiegel keine Unwahrheit sprach, und merkte, dass der Jäger sie betrogen hatte und Schneewittchen noch am Leben war. Und da sann und sann sie aufs Neue, wie sie es umbringen konnte; denn solange sie nicht die Schönste war im ganzen Land, ließ ihr der Neid keine Ruhe. Und als sie sich endlich etwas ausgedacht hatte, färbte sie sich das Gesicht, kleidete sich wie eine alte Krämerin und war ganz unkenntlich. In dieser Gestalt ging sie über die sieben Berge zu den sieben Zwergen, klopfte an die Tür und rief: »Schöne Ware zu verkaufen!« Schneewittchen guckte zum Fenster heraus und rief: »Guten Tag, liebe Frau, was habt Ihr anzubieten?« »Gute Ware, schöne Ware«, antwortete sie, »Schnürriemen in allen Farben«, und holte einen hervor, der aus bunter Seide geflochten war. »Die ehrliche Frau kann ich hereinlassen«, dachte Schneewittchen, riegelte die Tür auf und kaufte sich den hübschen Schnürriemen. »Kind«, sprach die Alte, »wie du aussiehst! Komm, ich will dich einmal ordentlich schnüren.« Schneewittchen dachte nichts Böses, stellte sich vor sie und ließ sich mit dem neuen Schnürriemen schnüren; aber die Alte schnürte geschwind und schnürte so fest, dass dem Schneewittchen der Atem verging und es wie tot hinfiel. »Nun bist du die Schönste gewesen«, sprach sie und eilte hinaus.

Bald darauf, zur Abendzeit, kamen die sieben Zwerge nach Hause; aber wie erschraken sie, als sie ihr liebes Schneewittchen auf der Erde liegen sahen; und es regte und bewegte sich nicht, als wäre es tot. Sie hoben es in die Höhe, und weil sie sahen, dass es zu fest geschnürt war, schnitten sie den Schnürriemen

entzwei. Da fing es an, ein wenig zu atmen, und wurde nach und nach wieder lebendig. Als die Zwerge hörten, was geschehen war, sprachen sie: »Die alte Krämerfrau war niemand als die gottlose Königin; hüte dich und lass keinen Menschen herein, wenn wir nicht bei dir sind.«

Das böse Weib aber ging, als es nach Hause gekommen war, vor den Spiegel und fragte:

»Spieglein, Spieglein an der Wand,
wer ist die Schönste im ganzen Land?«

Da antwortete er wie zuvor:

»Frau Königin, Ihr seid die Schönste hier,
aber Schneewittchen über den Bergen
bei den sieben Zwergen
ist noch tausendmal schöner als Ihr.«

Als sie das hörte, lief ihr alles Blut zum Herzen, so erschrak sie, denn sie sah wohl, dass Schneewittchen wieder lebendig geworden war. »Nun aber«, sprach sie, »will ich etwas aussinnen, das dich zugrunde richten soll«, und mit Hexenkünsten, die sie verstand, fertigte sie einen giftigen Kamm. Dann verkleidete sie sich und nahm die Gestalt eines anderen alten Weibes an. So ging sie hin über die sieben Berge zu den sieben Zwergen, klopfte an die Tür und rief: »Gute Ware zu verkaufen!« Schneewittchen schaute heraus und sprach: »Geht nur weiter, ich darf niemanden hereinlassen.« »Das Ansehen wird dir doch erlaubt sein«, sprach die Alte, zog den giftigen Kamm heraus und hielt ihn in die Höhe. Da gefiel er dem Kinde so gut, dass es sich betören ließ und die Tür öffnete. Als sie sich über den Kauf einig waren, sprach die Alte: »Nun will ich dich einmal ordentlich kämmen.« Das arme Schneewittchen dachte an nichts und ließ die Alte gewähren, aber kaum hatte sie den Kamm in die Haare gesteckt, als das Gift darin wirkte und das Mädchen ohne Besinnung niederfiel. »Du Ausbund von Schönheit«, sprach das boshafte Weib, »jetzt ist's um dich geschehen«, und sie ging fort. Zum Glück aber war es bald Abend, wo die sieben Zwerglein nach Hause kamen. Als sie Schneewittchen wie tot auf der Erde liegen sahen, hatten sie gleich die Stiefmutter im Verdacht, suchten und fanden den giftigen Kamm, und kaum hatten sie ihn herausgezogen, so kam Schneewittchen wieder zu sich und erzählte, was vorgefallen war. Da warnten sie es noch einmal, auf der Hut zu sein und niemandem die Tür zu öffnen.

Die Königin stellte sich daheim vor den Spiegel und sprach:
»Spieglein, Spieglein an der Wand,
wer ist die Schönste im ganzen Land?«
Da antwortete er wie vorher:
»Frau Königin, Ihr seid die Schönste hier,
aber Schneewittchen über den Bergen

bei den sieben Zwergen

ist doch noch tausendmal schöner als Ihr.«

Als sie den Spiegel so reden hörte, zitterte und bebte sie vor Zorn. »Schneewittchen soll sterben!«, rief sie, »und wenn es mein eigenes Leben kostet.« Darauf ging sie in eine ganz verborgene, einsame Kammer, wo niemand hinkam, und machte da einen höchst giftigen Apfel. Äußerlich sah er schön aus, weiß mit roten Backen, sodass jeder, der ihn erblickte, Lust darauf bekam; aber wer ein Stückchen davon aß, der musste sterben. Als der Apfel fertig war, färbte sie sich das Gesicht und verkleidete sich als Bauersfrau, und so ging sie über die sieben Berge zu den sieben Zwergen. Sie klopfte an, Schneewittchen streckte den Kopf zum Fenster heraus und sprach: »Ich darf keinen Menschen hereinlassen, die sieben Zwerge haben mir's

verboten.« »Mir auch recht«, antwortete die Bäuerin, »aber meine Äpfel will ich schon loswerden. Da, einen will ich dir schenken.« »Nein«, sprach Schneewittchen, »ich darf nichts annehmen.« »Fürchtest du dich vor Gift?«, sprach die Alte, »siehst du, da schneide ich den Apfel in zwei Teile; die rote Hälfte iss du, die weiße will ich essen.« Der Apfel war aber so künstlich gemacht, dass nur die rote Hälfte vergiftet war. Schneewittchen blickte den schönen Apfel sehnsuchtsvoll an, und als es sah, dass die Bäuerin davon aß, konnte es nicht länger widerstehen, streckte die Hand aus und nahm die giftige Hälfte. Kaum aber hatte es einen Bissen davon im Mund, so fiel es tot zur Erde nieder. Da betrachtete es die Königin mit grausigen Blicken, lachte überlaut und sprach: »Weiß wie Schnee, rot wie Blut, schwarz wie Ebenholz! Diesmal können dich die Zwerge nicht wiedererwecken.« Und als sie daheim den Spiegel befragte:

»Spieglein, Spieglein an der Wand,
wer ist die Schönste im ganzen Land?«,

so antwortete er endlich:

»Frau Königin, Ihr seid die Schönste im Land.«

Da hatte ihr neidisches Herz Ruhe, so gut ein neidisches Herz Ruhe haben kann.

Die Zwerglein fanden, als sie abends nach Haus kamen, Schneewittchen auf der Erde liegen, es kam kein Atem mehr aus seinem Mund, und es war tot. Sie hoben es auf, suchten, ob sie etwas Giftiges fänden, schnürten es auf, kämmten ihm die Haare, wuschen es mit Wasser und Wein, aber es half alles nichts; das liebe Kind war tot und blieb tot. Sie legten es auf eine Bahre und setzten sich alle sieben daran und beweinten es, und sie weinten drei Tage lang. Dann wollten sie es begraben, aber es sah noch so frisch aus wie ein lebender Mensch und

hatte noch seine schönen roten Wangen. Sie sprachen: »Das können wir nicht in die schwarze Erde versenken«, und ließen einen durchsichtigen Sarg aus Glas machen, dass man es von allen Seiten sehen konnte, legten es hinein und schrieben mit goldenen Buchstaben seinen Namen darauf und dass es eine Königstochter gewesen sei. Dann stellten sie den Sarg hinaus auf den Berg, und einer von ihnen blieb immer dabei und bewachte ihn. Und die Tiere kamen auch und beweinten Schneewittchen, erst eine Eule, dann ein Rabe, zuletzt ein Täubchen.

Nun lag Schneewittchen lange Zeit in dem Sarg und verweste nicht, sondern sah aus, als wenn es schliefe, denn es war noch so weiß wie Schnee, so rot wie Blut und so schwarzhaarig wie Ebenholz. Es geschah aber, dass ein Königssohn in den Wald geriet und zu dem Zwergenhaus kam, um dort zu übernachten. Er sah auf dem Berg den Sarg und das schöne Schneewittchen darin und las, was mit goldenen Buchstaben darauf geschrieben war. Da sprach er zu den Zwergen: »Lasst mir den Sarg, ich will euch geben, was ihr dafür haben wollt.« Aber die Zwerge antworteten: »Wir geben ihn nicht her, nicht um alles Gold in der Welt.« Da sprach er: »So schenkt ihn mir, denn ich kann nicht leben, ohne Schneewittchen zu sehen; ich will es ehren und hoch achten wie mein Liebstes.« Wie er so sprach, empfanden die guten Zwerglein Mitleid mit ihm und gaben ihm den Sarg. Der Königssohn ließ ihn nun von seinen Dienern auf den Schultern forttragen. Da geschah es, dass sie über einen Strauch stolperten, und durch das Schütteln fiel das giftige Apfelstück, das Schneewittchen abgebissen hatte, aus dem Hals. Und es dauerte nicht lange, da öffnete es die Augen, hob den Deckel vom Sarg in die Höhe, richtete sich auf und war wieder lebendig. »Ach Gott, wo bin ich?«, rief es. Der Königssohn sagte voll Freude: »Du bist bei mir«, erzählte, was sich zugetragen hatte, und sprach: »Ich habe dich lieber als alles auf der Welt; komm mit mir in meines Vaters Schloss; du sollst meine Gemahlin werden.« Da fand Schneewittchen Gefallen an ihm und ging mit ihm, und ihre Hochzeit wurde mit großer Pracht und Herrlichkeit gefeiert.

Zu dem Fest wurde aber auch Schneewittchens gottlose Stiefmutter eingeladen. Wie sie nun ihre schönen Kleider angezogen hatte, trat sie vor den Spiegel und sprach:

»Spieglein, Spieglein an der Wand,
wer ist die Schönste im ganzen Land?«

Der Spiegel antwortete:

»Frau Königin, Ihr seid die Schönste hier,
aber die junge Königin ist tausendmal schöner als Ihr.«

Da stieß das böse Weib einen Fluch aus, und ihr wurde so angst, dass sie sich nicht beruhigen konnte. Sie wollte zuerst gar nicht auf die Hochzeit gehen; doch ließ es ihr keine Ruhe, sie musste dorthin und die junge Königin sehen. Und wie sie hineintrat, erkannte sie Schneewittchen, und vor Angst und Schrecken stand sie da und konnte sich nicht regen. Aber es waren schon eiserne Pantoffeln über Kohlenfeuer gestellt und wurden mit Zangen hereingetragen und vor sie hingestellt. Da musste sie in die rot glühenden Schuhe treten und so lange tanzen, bis sie leblos zur Erde fiel.

Hans im Glück

Ich mochte die Geschichte schon als Kind gern, weil sie mir etwas Wichtiges gezeigt hat: Was Glück für einen Menschen bedeutet, ist immer abhängig von seiner Situation. Ein Kranker beispielsweise ist glücklich, wenn er wieder gesund wird. Wer sich ausgeschlossen hat, ist glücklich, wenn er die Tür wieder aufbekommt. Ein Mensch braucht nicht viele Dinge, um glücklich zu sein. Hans denkt nicht über den Wert der Gegenstände nach, er trifft seine Entscheidungen aus dem Bauch heraus. Bei mir ist es auch so. Denn wenn sich eine Sache nicht gut anfühlt, auch wenn der Kopf Ja sagt, mache ich sie nicht. Weil ich genau weiß, dass ich sie dann nicht gut machen kann. Deshalb ist Hans für mich kein Verlierer, sondern ein echtes Glückskind.

ans hatte sieben Jahre bei seinem Herrn gedient, da sprach er zu ihm: »Herr, meine Zeit ist herum, nun wollte ich gerne wieder heim zu meiner Mutter, gebt mir meinen Lohn.« Der Herr antwortete: »Du hast mir treu und ehrlich gedient; wie der Dienst war, so soll der Lohn sein«, und gab ihm ein Stück Gold, das so groß wie Hansens Kopf war. Hans zog sein Tüchlein aus der Tasche, wickelte den Klumpen hinein, setzte ihn auf die Schulter und machte sich auf den Weg nach Hause. Wie er so dahinging und immer ein Bein vor das andere setzte, erblickte er einen Reiter, der frisch und fröhlich auf einem munteren Pferd vorbeitrabte. »Ach«, sprach Hans ganz laut, »was ist das Reiten für ein schönes Ding! Da sitzt einer wie auf einem Stuhl, stößt sich an keinem Stein, spart die Schuh und kommt fort, er weiß nicht wie.« Der Reiter, der das gehört hatte, hielt an und rief: »Ei, Hans, warum läufst du auch zu Fuß?« »Ich muss ja wohl«, antwortete er, »da habe ich einen Klumpen heimzutragen; es ist zwar Gold, aber ich kann den Kopf dabei nicht gerade halten, auch drückt mir's auf die

Schulter.« »Weißt du was?«, sagte der Reiter. »Wir wollen tauschen: Ich gebe dir mein Pferd, und du gibst mir deinen Klumpen.« »Von Herzen gern«, sprach Hans, »aber ich sage Euch, Ihr müsst damit schwer schleppen.« Der Reiter stieg ab, nahm das Gold und half dem Hans hinauf, gab ihm die Zügel fest in die Hände und sprach: »Wenn's nun recht geschwind gehen soll, so musst du mit der Zunge schnalzen und ›hopp, hopp‹ rufen.« Hans war seelenfroh, als er auf dem Pferde saß und so frank und frei dahinritt. Nach einem Weilchen fiel ihm ein, es sollte noch schneller gehen, und er fing an, mit der Zunge zu schnalzen und »hopp, hopp« zu rufen. Das Pferd setzte sich in starken Trab, und ehe Hans sichs versah, war er abgeworfen und lag in einem Graben, der die Äcker von der Landstraße trennte.

Das Pferd wäre auch durchgegangen, wenn es nicht ein Bauer aufgehalten hätte, der des Weges kam und eine Kuh vor sich hertrieb. Hans suchte seine Glieder zusammen und machte sich wieder auf die Beine. Er war aber verdrießlich und sprach zu dem Bauern: »Es ist ein schlechter Spaß, das Reiten, zumal, wenn man auf so eine Mähre gerät wie diese, die stößt und einen herabwirft, sodass man sich den Hals brechen kann; ich setze mich nimmermehr wieder darauf. Da lob ich mir Eure Kuh, da kann einer mit Gemächlichkeit hinterhergehen und hat obendrein seine Milch, Butter und Käse jeden Tag gewiss. Was gäb ich darum, wenn ich so eine Kuh hätte!« »Nun«, sprach der Bauer, »geschieht Euch auf diese Weise ein großer Gefallen, so will ich gern die Kuh gegen das Pferd tauschen.« Hans willigte mit tausend Freuden ein. Der Bauer schwang sich aufs Pferd und ritt eilig davon. Hans trieb seine Kuh ruhig vor sich her und bedachte den glücklichen Handel. »Hab ich nur ein Stück Brot, und daran wird mir's doch nicht fehlen, so kann ich, sooft mir's beliebt, Butter und Käse dazu essen; hab ich Durst, so melk ich meine Kuh und trinke Milch. Herz, was verlangst du mehr?« Als er zu einem Wirtshaus kam, machte er halt, aß in der großen Freude alles auf, was er bei sich hatte, sein Mittags- und Abendbrot, und ließ sich für seine letzten paar Heller ein halbes Glas Bier einschenken. Dann trieb er seine Kuh weiter, immer auf das Dorf seiner Mutter zu. Die Hitze wurde drückender, je näher der Mittag kam, und Hans befand sich in einer Heide, durch die er wohl noch eine Stunde gehen musste. Da wurde ihm ganz heiß, sodass ihm vor Durst die Zunge am

Gaumen klebte. »Dem Ding ist zu helfen«, dachte Hans, »jetzt will ich meine Kuh melken und mich an der Milch laben.« Er band sie an einen dürren Baum, und da er keinen Eimer hatte, so stellte er seine Ledermütze darunter, aber wie er sich auch bemühte, es kam kein Tropfen Milch zum Vorschein. Und weil er sich ungeschickt dabei anstellte, so gab ihm das ungeduldige Tier schließlich mit einem der Hinterfüße einen solchen Schlag vor den Kopf, dass er zu Boden taumelte und sich eine Zeit lang gar nicht besinnen konnte, wo er war.

Glücklicherweise kam gerade ein Metzger des Weges, der auf einem Schubkarren ein junges Schwein liegen hatte. »Was sind das für Streiche!«, rief er und half dem guten Hans auf. Hans erzählte, was vorgefallen war. Der Metzger reichte ihm seine Flasche und sprach: »Da trinkt einmal und erholt Euch. Die Kuh will wohl keine Milch geben, das ist ein altes Tier, das höchstens noch zum Ziehen taugt oder zum Schlachten.« »Ei, ei«, sprach Hans und strich sich die Haare über den Kopf, »wer hätte das gedacht! Es ist freilich gut, wenn man so ein Tier schlachten kann, was gibt's für Fleisch! Aber ich mache mir aus dem Kuhfleisch nicht viel, es ist mir nicht saftig genug. Ja, wer so ein junges Schwein hätte! Das schmeckt anders, dabei noch die Würste.« »Hört, Hans«, sprach da der Metzger, »Euch zuliebe will ich tauschen und will Euch das Schwein für die Kuh überlassen.« »Gott lohn Euch Eure Freundschaft«, sprach Hans, übergab ihm die Kuh, ließ sich das Schweinchen vom Karren losmachen und den Strick, woran es gebunden war, in die Hand geben.

Hans zog weiter und überdachte, wie ihm doch alles nach Wunsch ginge, begegnete ihm je eine Verdrießlichkeit, so würde sie doch gleich wiedergutgemacht. Es gesellte sich danach ein Bursch zu ihm, der trug eine schöne weiße Gans unter dem Arm. Sie vertrieben einander die Zeit, und Hans fing an, von seinem Glück zu erzählen, und wie er immer so vorteilhaft getauscht habe. Der Bursch erzählte ihm, dass er die Gans zu einem Kindtaufschmaus bringe. »Hebt einmal«, fuhr er fort und packte sie bei den Flügeln, »wie schwer sie ist, die ist aber auch acht Wochen lang gemästet worden. Wer in den Braten beißt, muss sich das Fett von beiden Seiten abwischen.« »Ja«, sprach Hans und wog sie mit der einen Hand, »die hat ihr Gewicht, aber mein Schwein ist auch nicht ohne.« Indessen sah sich der Bursch nach allen Seiten ganz bedenklich um und schüttelte den Kopf. »Hört«, fing er darauf an, »mit Eurem Schweine mag's nicht ganz richtig sein. In dem Dorfe, durch das ich gekommen bin, ist eben dem Gemeindevorsteher eins aus dem Stall gestohlen worden. Ich fürchte, Ihr habt's da in der Hand. Sie haben Leute ausgeschickt, und es wäre schlimm, wenn sie Euch mit dem Schwein erwischten; das Geringste ist, dass Ihr ins finstere Loch gesteckt werdet.« Dem guten Hans wurde bang. »Ach Gott«, sprach er, »helft mir aus der Not, Ihr kennt Euch hier besser aus, nehmt mein Schwein da und lasst mir Eure Gans.« »Ich muss schon etwas aufs Spiel setzen«, antwortete der Bursch, »aber ich will doch nicht schuld sein, dass Ihr ins Unglück geratet.« Er nahm also das Seil in die Hand und trieb das Schwein schnell auf einem Seitenweg fort; der gute Hans

aber ging, seiner Sorgen entledigt, mit der Gans unter dem Arm der Heimat zu.

»Wenn ich's recht überlege«, sprach er mit sich selbst, »habe ich noch einen Vorteil bei dem Tausch: erstlich den guten Braten, danach die Menge von Fett, die herausträufeln wird; das gibt Gänsefettbrot auf ein Vierteljahr; und endlich die schönen weißen Federn, die lass ich mir in mein Kopfkissen stopfen, und darauf will ich wohl sanft einschlafen. Was wird meine Mutter eine Freude haben!«

Als er durch das letzte Dorf gekommen war, stand da ein Scherenschleifer mit seinem Karren; sein Rad schnurrte, und er sang dazu:

»Ich schleife die Schere und drehe geschwind
und hänge mein Mäntelchen nach dem Wind.«

Hans blieb stehen und sah ihm zu; endlich redete er ihn an und sprach: »Euch geht's wohl, weil Ihr so lustig bei Eurem Schleifen seid.« »Ja«, antwortete der Scherenschleifer, »das Handwerk hat einen güldenen Boden. Ein rechter Schleifer ist ein Mann, der, sooft er in die Tasche greift, auch Geld darin findet. Aber wo habt Ihr die schöne Gans gekauft?« »Die hab ich nicht gekauft, sondern für mein Schwein eingetauscht.« »Und das Schwein?« »Das hab ich für eine Kuh gekriegt.« »Und die Kuh?« »Die hab ich für ein Pferd bekommen.« »Und das Pferd?« »Dafür hab ich einen Klumpen Gold, so groß wie mein Kopf, gegeben.« »Und das Gold?« »Ei, das war mein Lohn für sieben Jahre Dienst.« »Ihr habt Euch jederzeit zu helfen gewusst«, sprach der Schleifer, »könnt Ihr's nun dahin bringen, dass Ihr das Geld in der Tasche springen hört, wenn Ihr aufsteht, so habt Ihr Euer Glück gemacht.« »Wie soll ich das anfangen?«, sprach Hans. »Ihr müsst ein Schleifer werden wie ich; dazu gehört eigentlich nichts als ein Wetzstein, das andere findet sich schon von selbst. Da hab ich einen, der ist zwar ein wenig schadhaft, dafür sollt Ihr mir aber auch weiter nichts als Eure Gans geben; wollt Ihr das?« »Wie könnt Ihr noch fragen?«, antwortete Hans. »Ich werde ja zum glücklichsten Menschen auf Erden; habe ich Geld, sooft ich in die Tasche greife, was brauche ich da länger zu sorgen?«, reichte ihm die Gans hin und nahm den Wetzstein in Empfang. »Nun«, sprach der Schleifer und hob einen gewöhnlichen schweren Feldstein, der neben ihm lag, auf, »da habt Ihr noch einen tüchtigen Stein dazu, auf dem sich's gut schlagen lässt und Ihr Eure alten Nägel gerade klopfen könnt. Nehmt hin und hebt ihn ordentlich auf.«

Hans lud den Stein auf und ging mit vergnügtem Herzen weiter; seine Augen leuchteten vor Freude. »Ich muss in einer Glückshaut geboren sein«, rief er aus, »alles, was ich wünsche, trifft mir ein, wie einem Sonntagskind.« Indessen begann er, weil er seit Tagesanbruch auf den Beinen gewesen war, müde zu werden; auch plagte ihn der Hunger, da er allen Vorrat auf einmal in der Freude über die erhandelte Kuh aufgezehrt hatte. Er konnte schließlich nur mit Mühe weitergehen und musste jeden Augenblick haltmachen; dabei drückten ihn die Steine ganz erbärmlich. Da konnte er sich des Gedankens nicht erwehren, wie gut es wäre, wenn er sie gerade jetzt nicht zu tragen brauchte. Wie eine Schnecke kam er zu einem Feldbrunnen geschlichen, wollte da ruhen und sich mit einem frischen Trunk laben; damit er aber die Steine im Niedersitzen nicht beschädigte, legte er sie bedächtig neben sich auf den Rand des Brunnens. Darauf setzte er sich nieder und wollte sich zum Trinken bücken, da gab er nicht acht, stieß ein klein wenig an, und beide Steine plumpsten hinab. Als Hans sie mit seinen Augen in die Tiefe hatte versinken sehen, sprang er vor Freuden auf, kniete dann nieder und dankte Gott mit Tränen in den Augen, dass er ihm auch diese Gnade noch erwiesen und ihn auf eine so gute Art, und ohne dass er sich einen Vorwurf zu machen brauchte, von den schweren Steinen befreit hatte, die ihm allein noch hinderlich gewesen wären. »So glücklich wie ich«, rief er aus, »gibt es keinen Menschen unter der Sonne.« Mit leichtem Herzen und frei von aller Last sprang er nun fort, bis er daheim bei seiner Mutter war.

Drosselbart reloaded

Es gibt ein Foto von mir, das mich als kleines Mädchen zeigt, wie ich auf meinem Bett sitze und meinen Kuscheltieren aus einem Märchenbuch vorlese. Märchen legten somit den Grundstein für meine Liebe zu Büchern. Auch die Geschichten, die ich heute schreibe, sind moderne Märchen, denn am Ende wird immer alles gut. Es gibt nichts Tröstlicheres als ein Happy End und fast nichts Lehrreicheres als die Moral eines Märchens, aus der auch wir Erwachsene immer wieder etwas lernen können.

Poppy J. Anderson

s war einmal eine junge Frau aus Amerika, die hieß Isabella Kingston und lebte in New York. Eines Tages schickte ihr Vater sie nach Texas, was Isabella überhaupt nicht gefiel, denn dort war es heiß und einsam. Verdrossen sah sie sich auf dem staubigen Hof um und registrierte schlichte Holzhäuser und verdreckte Jeeps. Eigentlich hatte sie ihren Sommer an der Côte d'Azur verbringen wollen. Zusammen mit ihren Freundinnen Stacey und Miranda, die momentan auf einer Jacht durchs Mittelmeer schipperten und vermutlich den Spaß ihres Lebens hatten. Isabella dagegen hatte miterleben müssen, wie ihr Dad ihre Kreditkarten zerschnitt, sie anbrüllte, sie »verwöhnt« und »verantwortungslos« nannte und sie schließlich dazu zwang, arbeiten zu gehen. Anstatt sich zu sonnen, in Monte Carlo Roulette zu spielen und vielleicht einen netten Europäer kennenzulernen, musste sie nun die Ferienbetreuung einer Horde von Kindern übernehmen. Isabella hatte noch nie gearbeitet, wenn man von ihrem Praktikum in der Redaktion einer Modezeitschrift einmal absah, das ihr Dad ihr besorgt

und das sie nach zwei Tagen abgebrochen hatte. Sie liebte Mode, aber sie liebte es nicht, für andere Menschen Kaffee zu kochen, schließlich wollte sie nicht bei Starbucks arbeiten.

Im Grunde hätte sie nicht einmal arbeiten gehen müssen, denn ihr Dad war einer der größten Bauunternehmer der Ostküste. Er besaß Geld in Hülle und Fülle, aber seit einiger Zeit benahm er sich merkwürdig, verlangte von ihr, sich eine »sinnvolle Beschäftigung« zu suchen, und versuchte ständig, ihr eine solche zu besorgen. Und so begab es sich, dass der persönliche Gefallen eines Geschäftsfreundes ihr diesen Job verschafft hatte. Anscheinend veranstaltete die *SparrowGroup*, eine internationale Finanzvertriebsgesellschaft, die von Preston John Sparrow geleitet wurde und mit der ihr Vater geschäftlich zu tun hatte, ein jährliches Sommercamp für benachteiligte Kinder. Isabella war es schleierhaft, weshalb der schwerreiche Preston John Sparrow dort keine Sozialarbeiter anstellte, sondern ihr den Sommer versaute, indem sie in den nächsten Wochen den Babysitter spielen musste.

Aber ihr Dad hatte darauf bestanden, weil er fand, dass sie erwachsen werden sollte und in letzter Zeit zu viel Unsinn angestellt hatte. Und das nur, weil ein Video online gegangen war, das zeigte, wie sie betrunken aus der Luxuslimousine eines nicht ganz unbekannten Rockstars gestolpert war und ihm ein paar ziemlich unfeine Schimpfwörter nachgerufen hatte. Davor war es die Festnahme wegen Ladendiebstahls gewesen – eine Mutprobe, die gewaltig schiefgelaufen war und auf der Polizeistation von Beverly Hills geendet hatte. Ihr Dad hatte getobt und ihr mit einem Sommerjob in Texas gedroht. Dass er damit keine leere Drohung ausgestoßen hatte, war Isabella erst richtig klar geworden, als sie im Flugzeug nach Houston saß und zu allem Überfluss auch noch in der billigen Touristenklasse flog.

Nun bemerkte sie erst, weshalb man sie die Holzklasse nannte, denn ihr Rücken schmerzte nach dem vierstündigen Flug. Eine Massage wäre jetzt schön gewesen, aber sie bezweifelte, dass es in der näheren Umgebung ein Wellnesshotel gab.

Frustriert straffte sie die Schultern und lief über den steinigen Boden in Richtung Haupthaus, während sie ihre Koffer dort stehen ließ, wo der Fahrer sie und ihr Gepäck gerade abgesetzt hatte. Bestimmt würde sich jemand finden, der die schweren Dinger in ihre Unterkunft brachte.

Während sie die Veranda zum großen Holzhaus erklomm, kramte sie in ihrer Chanel-Tasche nach einem Kaugummi herum und fand stattdessen eine Schachtel Zigaretten, die von ihrer Freundin Holly stammte. Im Schatten der Veranda zog sie die Schachtel hervor und seufzte erleichtert, als sie zudem ein Feuerzeug entdeckte. Ein bisschen Nikotinqualm würde ihre Nerven augenblicklich beruhigen.

Gerade als sie sich die Zigarette anzündete, erklang hinter ihr eine tiefe Stimme: »Rauchen ist hier verboten.«

Erschrocken drehte sie sich um und hätte beinahe die Zigarette fallen gelassen.

Vor ihr ragte ein dunkelhaariger Mann auf, der ebenfalls nicht wirkte, als käme er soeben aus einem Wellnesshotel. Offen gesagt sah er aus, als wäre er einem Kamm seit längerer Zeit nicht sehr nahe gekommen. Zudem schien er eine Modeberatung nötig zu haben, denn sein verwaschenes Nirvana-Shirt und die ausgeblichenen Jeans sowie die alten Leinenschuhe mochten vor ein paar Jahren modern gewesen sein – genauso wie sein Dreitagebart und die zerwühlte Frisur –, aber heute sah dieses Outfit einfach nur nach einem Landstreicher aus. Es war ihr unbegreiflich, warum es noch immer Männer gab, die keinen Wert auf ihr Äußeres legten! Seit David Beckham sollte doch auch dem letzten Hinterwäldler bewusst sein, dass Frauen lieber mit gepflegten Männern ausgingen als mit sogenannten Naturburschen, die sich im Winter vermutlich mit Bärenfett einschmierten, um nicht zu frieren.

Isabella hätte beinahe das Gesicht verzogen, zündete sich stattdessen jedoch die Zigarette an und erklärte, an den bärtigen Hinterwäldler gewandt: »Ich sehe kein Verbotsschild.«

Auch wenn er grimmig wirkte, hatte er erstaunlich schöne blaue Augen. »Das hier ist ein Sommercamp für Kinder. Da versteht es sich von selbst, dass Rauchen verboten ist.«

Sie verdrehte die Augen und kam auf das Offensichtliche zu sprechen: »Ich sehe hier keine Kinder.«

»Sie können jeden Moment von ihrem Ausflug zurückkommen. Und wir Erwachsenen haben eine Vorbildfunktion.«

Isabella nahm einen tiefen Zug und hätte beinahe gehustet; immerhin war sie keine gewohnheitsmäßige Raucherin und fand zudem den Gedanken lustig, dass ausgerechnet sie eine Vorbildfunktion haben sollte. Um des lieben Friedens willen ließ sie die Kippe dann jedoch fallen und trat sie mit ihrem Schuh aus. »Ich bin Isabella.«

»Jack«, erwiderte er knapp.

»Was hast du angestellt, um hier zu landen?«

»Bitte?«

Weil er fast schon entrüstet klang, grinste sie leicht. »Mich interessiert, was du ausgefressen hast, um in diesem Camp arbeiten zu müssen. Mir blieb keine andere Wahl, aber du siehst nicht aus, als könnte man dich zu etwas zwingen, was du nicht tun willst.«

Er verschränkte die Arme vor der Brust. »Hast du schon einmal daran gedacht, dass jemand freiwillig bei einer Ferienfreizeit für Kinder arbeiten könnte?«

»Also keine vom Gericht angeordneten Sozialstunden?«, rätselte sie amüsiert und verfolgte dabei, wie er die Stirn in Falten legte. »Oder sagst du mir nicht die Wahrheit, weil ich Sparrows Spionin sein könnte, die dich verpfeift, sobald du über deinen Chef herziehst?«

»Sparrow?«

»Ja, Preston John Sparrow. Ich habe gehört, er feuert seine Angestellten nach Lust und Laune.«

»So? Das hast du über ihn gehört?«

Sie zuckte mit den Schultern. »Mein Dad wollte vor ein paar Monaten, dass ich in seinem Büro in New York ein Praktikum

mache, aber ich hatte keine Lust darauf, wieder nur für ein paar langweilige Anzugträger Kaffee zu kochen und Kopien anzufertigen.«

Er starrte sie an und sagte nichts. Nach einer gefühlten Ewigkeit nickte er ihr zu. »Du solltest dich umziehen. Es wartet ein Haufen Arbeit auf dich. Keine Sorge – Kaffee kochen musst du nicht. Stattdessen kannst du damit anfangen, Kartoffeln zu schälen. Wir haben über fünfzig Mäuler zu stopfen und heute Abend soll es Kartoffelsuppe geben.«

Sie hörte wohl nicht recht!

Er schnalzte mit der Zunge und deutete abschätzig auf ihre Füße. »Hoffentlich hast du richtige Schuhe dabei. Die Dinger solltest du in nächster Zeit lieber im Schrank stehen lassen.«

Empört schnappte sie nach Luft und folgte seinem Blick, der auf ihre Sandalen von Dior geheftet war.

Isabella öffnete den Mund, um ihm zu sagen, dass sich jemand, der wie ein Obdachloser gekleidet war, besser nicht über ihre Schuhe mokieren sollte, als er fortfuhr: »Außerdem solltest du die Zigarette aufheben. Hier räumt jeder seinen Müll selbst weg.«

»Sonst noch was?«

»Ja«, entgegnete er geduldig und unempfänglich für ihren Sarkasmus. »Du hast Zimmer acht. In zwei Stunden gibt es Abendessen und du wirst in der Küche gebraucht, also beeil dich lieber mit deinem Gepäck.«

»Was?« Fassungslos riss sie die Augen auf. »Ich soll meine Koffer selbst in mein Zimmer bringen? Wie soll ich das denn anstellen? Sie sind furchtbar schwer!«

Er zuckte mit den Schultern. »Sie haben Rollen, oder etwa nicht?«

Dann drehte er sich einfach um und verschwand im Haus.

Und so begab es sich, dass Isabella zum ersten Mal in ihrem Leben nicht das bekam, was sie sich in den Kopf gesetzt hatte.

***

»Wer soll das sein?«

»Du.«

»Ich?« Isabella beugte sich über die zehnjährige Jenny, die an einem Picknicktisch saß und malte. Zwar konnte sich Isabella auf der Kinderzeichnung nicht erkennen, dennoch lobte sie das schüchterne Mädchen, während sie den Blechkuchen anschnitt, den sie mittags gebacken hatte.

Noch vor zwei Wochen hätte sie vermutlich lauthals gelacht, wenn ihr jemand prophezeit hätte, dass sie jemals in der Lage sein würde, einen Kuchen zu backen. Oder dass sie ein Zelt aufstellen und ein Lagerfeuer entfachen würde. Doch das alles hatte sie in den vergangenen Tagen getan – und noch viel mehr.

Morgens stand sie zu einer ungehörig frühen Uhrzeit auf und bereitete das Frühstück für fünfzig Kinder vor. Dabei hatte sie nicht nur gelernt, wie man Pfannkuchen macht, sondern auch zum ersten Mal in ihrem Leben Geschirr gespült. Ihre manikürten Fingernägel hatten längst das Zeitliche gesegnet. Glücklicherweise hatte sie sich nur wenige Male verbrannt, als sie eine erhitzte Pfanne angefasst oder ins heiße Spülwasser gegriffen hatte. Die Brandblase an ihrem linken Daumen verheilte endlich, auch wenn sie es wert gewesen war. Jack, der furchtbare Tyrann, der offenbar einen Heidenspaß hatte, wenn er sie herumschicken und mit Arbeit versorgen konnte, hatte sich angesichts der leichten Verbrennung endlich wie ein Mensch gezeigt, ihre Wunde versorgt und anschließend ihre Aufgaben übernommen. Isabella gab es nicht gerne zu, aber es wäre leichter gewesen, ihn noch immer für einen Idioten zu halten, wenn er sich nicht dermaßen nett um sie gekümmert hätte.

»Und das hier ist Jack«, verkündete das süße Mädchen fröhlich und deutete auf die Zeichnung eines Mannes mit dunklem Bart.

Verstohlen lugte Isabella zu Jack hinüber, der lachend mit ein paar der älteren Jungs Wasserpistolen füllte. Für einen Naturburschen mit abgetragenen Klamotten sah er gar nicht so schlecht aus, auch wenn er sich den Bart hätte abrasieren können, der in den letzten vierzehn Tagen immer dichter und zotteliger geworden war.

Zwar wusste sie immer noch nicht, weshalb er am Sommercamp teilnahm, weil Jack ziemlich verschlossen war, aber dass er gerne mit Kindern arbeitete, war nicht zu übersehen. Nicht einmal gestern, als sie zusammen in die Stadt gefahren waren, um Lebensmittel zu kaufen, hatte er viel über sich erzählt, obwohl Isabella ihm ihre halbe Lebensgeschichte auf die Nase gebunden hatte. Er war ein ruhiger Zeitgenosse, der allerdings ständig ihren Fahrstil kritisierte. Gleichzeitig hatte er eine schöne Stimme und konnte wunderbar Gitarre spielen, wie er vorgestern beim Lagerfeuerabend demonstriert hatte. Die Kinder waren begeistert gewesen. Und Isabella auch.

»Du hast ihn richtig gut getroffen, Jenny. Ich habe ihn sofort erkannt.«

»Ehrlich?«

»Ehrlich«, versicherte sie dem Mädchen und zwinkerte ihm zu. »Sein dunkler Bart ist nicht zu übersehen. Mittlerweile könnte er ihn bestimmt flechten.«

Die kleine Jenny strahlte sie an und kicherte.

Und Isabella strahlte zurück und kicherte ebenfalls.

In den ersten Tagen war sie ein paarmal so weit gewesen, das Handtuch zu werfen und ihren Dad anzurufen, um ihn anzubetteln, sie nach Hause zu holen, wo sie niemals Geschirr spülen, Fußböden wischen oder die Toiletten putzen musste. Sie hatte davon geträumt, in ihrer riesigen Badewanne zu liegen, von ihrer Köchin zubereiteten Toast mit Speck und Ei zu essen und in ihrem gemütlichen Bett zu schlafen. Aber dann hatte sie die Kinder besser kennengelernt und sie nicht nur lieb gewonnen, sondern auch nach und nach erfahren, in welchen Verhältnissen sie lebten. Jenny teilte sich beispielsweise daheim ein Zimmer mit ihren zwei jüngeren Schwestern und war zuvor noch nie im Urlaub gewesen. Und dann gab es den zwölfjährigen Peter, der im Camp mit einer einzigen Jeans aufgetaucht war und nicht einmal eine Badehose besaß. Seither machte es ihr nichts aus, den Putzlappen zu schwingen oder in aller Frühe aufzustehen, um Frühstück zu machen, weil sie den Kindern eine schöne Zeit ermöglichen wollte.

»Was gibt es denn hier zu kichern?«

»Wir schauen uns deinen Bart an«, offenbarte Isabella unumwunden, als Jack plötzlich neben ihnen stand und auf Jennys Bild schaute.

Er wirkte irritiert und fasste sich unbewusst an sein Kinn. »Was ist mit meinem Bart?«

»Gar nichts.« Mit einem unschuldigen Blick sah Isabella zu ihm hoch und staunte wieder einmal darüber, wie blau seine Augen waren. »Er ist nur sehr … markant.«

»Markant. Soso.« Jack kniff zwar die Augen zusammen, aber er wirkte keineswegs böse oder verärgert. Viel eher schien er sie foppen zu wollen.

»Jenny und ich fragen uns, ob du ihn mittlerweile flechten kannst, weil er so lang geworden ist.«

»Macht ihr euch etwa über meinen Bart lustig?«

»Das würden wir nie tun«, versicherte sie ihm gespielt ernst, während ihre Mundwinkel zuckten. »Aber vielleicht solltest du dir mal was überlegen, um das Wachstum ein wenig zu drosseln …« Nur wenige Sekunden später begann sie zu lachen und kreischte gleich darauf los, als er mit der Wasserpistole auf sie zielte. »Nein! Nicht, Jack, ich …«

Er tat es wirklich!

Bevor sie reagieren konnte, bekam sie einen Schwall Wasser ab. Als sie abwehrend die Hände hob, war es bereits zu spät. Sie war über und über nass und musste husten, weil sie sogar Wasser

geschluckt hatte. Sie hörte Jenny und Jack lachen und wischte sich das Wasser aus den Augen. »Das gibt Rache«, schwor sie ihm und griff nach seiner Wasserpistole, um es ihm heimzuzahlen. Das rief die anderen auf den Plan, was dazu führte, dass innerhalb weniger Minuten mehr als ein Dutzend Kinder und sie beide einander nass spritzten. Isabella hatte lange nicht mehr so großen Spaß gehabt.

Das sagte sie auch Jack, als sie wenig später gemeinsam die Picknicktische abräumten.

»Ich dachte eigentlich, dass jemand wie du an einem Wasserpistolenduell nicht viel Spaß haben würde«, gab Jack bedächtig zu.

»Jemand wie ich?«

Ohne sie anzusehen, stapelte er ein paar Teller aufeinander und erklärte: »Jemand, der mit einer Chanel-Tasche und

Dior-Sandalen unterwegs ist, an den exklusivsten Orten Ski läuft und Partys von Hollywoodstars besucht.«

»Das klingt, als hieltest du mich für verwöhnt.« Die Vorstellung schmerzte sie merkwürdigerweise. Außerdem fragte sie sich, woher er diese Einzelheiten wusste.

»Jetzt nicht mehr«, entgegnete Jack ernst und schaute sie eindringlich an. »Jetzt denke ich, dass du ziemlich in Ordnung bist, Isabella.«

Ein aufgeregtes Flattern machte sich in ihrer Magengegend bemerkbar, und sie fragte lächelnd: »Wirklich? Warum lässt du mich dann ständig Sklavenarbeit verrichten, obwohl du findest, dass ich ziemlich in Ordnung bin, Jack?«

Hinter seinem Bart konnte sie sein Lächeln sehen. »Du hättest das Praktikum bei der *SparrowGroup* annehmen können und müsstest dann jetzt keine Sklavenarbeit verrichten, sondern könntest in aller Ruhe Kaffee kochen und Kopien anfertigen.«

Sie schnitt eine Grimasse. »Erinnere mich nicht daran. Himmel, das wäre vermutlich das Paradies auf Erden!«

Sein heiseres Lachen ging ihr durch und durch.

✳✳✳

Isabella war seit vier Tagen zurück in New York und musste zugeben, dass sie das Camp vermisste. Als die Kinder abgereist waren, hatte sie ein paar Tränen verdrücken müssen und sich gefragt, wie es dazu gekommen war, dass sie die Kleinen in wenigen Wochen so lieb gewonnen hatte. Es fehlte ihr, sie zu sehen, morgens das Frühstück für sie zu machen und Zeit mit ihnen zu verbringen. Einige Kinder waren regelrecht aufgeblüht und hatten es sichtlich genossen, Aufmerksamkeit zu erhalten. Isabella fragte sich, wie es den Kindern nun wohl in ihrem Alltag erging.

Und sie fragte sich, ob sie nicht mehr tun konnte als das, was sie im Sommercamp getan hatte. Ob sie sich nicht dauerhaft eine sinnvolle Beschäftigung suchen sollte, wie es ihr Dad stets predigte.

Darüber dachte sie immer noch nach, als sie ihren Vater auf eine Spendengala begleitete, eine Rede nach der anderen hörte und schließlich mit einem Gin Tonic an einem runden Tisch saß, während sie ihr Handy ignorierte, das alle paar Minuten klingelte, wenn Isabellas Freunde sie auf eine Party einladen oder sie in einem Klub treffen wollten. Sie hatte keine Lust, sich ins New Yorker Nachtleben zu stürzen, und wollte mit ihren Gedanken lieber allein sein. Ablenkung wäre zwar gut gewesen, weil ihre Gedanken für ihren Geschmack viel zu oft um Jack kreisten, aber ein feuchtfröhlicher Abend erschien ihr momentan irgendwie schal.

»Bist du noch immer wütend auf mich, weil ich dich nach Texas geschickt habe?«

»Nein, Dad«, versicherte sie ihrem Vater. »Ich bin ganz und gar nicht wütend auf dich. Eigentlich war die Arbeit in Texas genau das Richtige für mich. Das kannst du deinem Freund gern von mir ausrichten.«

»Wem?«

»Preston John Sparrow. Es war schließlich sein Camp.« Sie legte nachdenklich den Kopf schief. »Wenn du schon dabei bist, könntest du ihm vorschlagen, die Kapazitäten zu erhöhen, damit mehr als nur fünfzig Kinder dort eine schöne Zeit verbringen können. Genügend Platz hat er ja und über das nötige Kleingeld wird er sicherlich auch verfügen.«

»Warum sagst du es ihm nicht selbst?« Ihr Vater hob den Kopf, als wollte er jemanden grüßen. »Hey, Jack! Wir haben gerade über dich geredet.«

Noch bevor Isabella aufblicken konnte, hörte sie eine bekannte Stimme antworten: »Wirklich? Ich hoffe, dass deine Tochter nur Gutes über mich zu berichten weiß.«

Ungläubig schaute sie auf, und ihr Blick begegnete einem Paar blauer Augen, das sie sofort wiedererkannte. Vor ihr stand Jack – aber er trug einen Smoking, hatte sich offenbar die Haare schneiden lassen und war glatt rasiert. Vor lauter Schreck verschlug es ihr die Sprache.

Aufmerksam beobachtete er sie, während ihr Dad ihn begrüßte, und setzte sich anschließend wie selbstverständlich zu ihr. Zu allem Überfluss ließ ihr Vater sie beide allein.

Von allen Dingen, die sie hätte sagen können, platzte als Erstes aus ihr heraus: »Wo ist dein Bart?«

Lächelnd rieb er sich übers Kinn. »Der musste weg, schließlich wurde ich bereits darauf angesprochen, ob ich ihn flechten wollte, weil er zu lang geworden sei.«

Isabella schluckte schwer und drehte sich auf ihrem Stuhl in seine Richtung, um ihn genauer in Augenschein nehmen zu können. Mit allem hätte sie gerechnet, aber nicht damit, dass der zuweilen tyrannische, liebenswerte und witzige Jack aus Texas, der sich für benachteiligte Kinder einsetzte und sich mit ihnen Wasserpistolenduelle lieferte, der Vorsitzende der *SparrowGroup* war. »Soll ich jetzt Preston zu dir sagen?«

»Bloß nicht! Jack ist mein Rufname – die Abwandlung von John.«

»Aha.«

Sein Mund verzog sich zu einem reumütigen Lächeln. »Sei nicht sauer, dass ich dir nicht gesagt habe, wer ich bin.«

»Ich bin nicht sauer.« Sie holte tief Luft. »Auch wenn ich nicht verstehe, warum du mich im Unklaren gelassen hast.«

»Eigentlich fand ich es erfrischend, einfach nur Jack zu sein und nicht Preston John Sparrow.«

»Also wolltest du mich nicht nur herumschicken und mir alle möglichen Arbeiten aufbrummen?« Zweifelnd betrachtete sie ihn.

Grinsend zwinkerte er ihr zu, während er seine Hand auf ihre legte. »Ich gestehe, dass es etwas für sich hatte, dich dabei zu beobachten, wie du Tische abgewischt und mit gerümpfter Nase den Müll nach draußen gebracht hast.«

Isabella wollte verächtlich schnauben, doch sie konnte nicht anders, als herzhaft zu lachen.

»Gut, dass du hier bist.« Sie drückte seine Hand und spürte, dass ihr Herz rasend schnell schlug. »Ich habe ein paar Ideen fürs nächste Sommercamp, und du scheinst genau die Person zu sein, an die ich mich wenden sollte.«

»Unter einer Bedingung.«

»Die da wäre?«

Jack hob ihre Hand an seinen Mund und drückte einen zarten Kuss auf ihre Handfläche. »Erzähl mir davon bei einem Abendessen.«

Und so gingen sie bald darauf in ein schönes Restaurant, machten Pläne für weitere wunderbare Sommercamps für Kinder, feierten einige Zeit später sogar Hochzeit und lebten noch sehr lange Zeit glücklich zusammen.

Frau Holle

Jahr für Jahr im Winter wünschen sich Kinder auf der ganzen Welt sehnlichst den ersten Schnee herbei zum Rodeln, Schlittenfahren und Schneemannbauen – aber nur eine Frau kann diesen Wunsch erfüllen. Das hat mich als kleiner Junge fasziniert: Nur die Betten bei Frau Holle schütteln – und schon fallen die schönsten Flocken!

Das Märchen hat mich außerdem begeistert, weil man für seinen Fleiß belohnt wird. Ohne den hat selbst der beste Fußballspieler keinen Erfolg.

Meinen Kindern habe ich auch viel vorgelesen, denn Märchen sind spannend, fördern die Fantasie und erzeugen ein positives Gefühl. Was gibt es Schöneres als die Gewissheit, dass am Ende alles gut wird …

Jens Lehmann

ine Witwe hatte zwei Töchter, davon war die eine schön und fleißig, die andere hässlich und faul. Sie hatte aber die hässliche und faule, weil sie ihre richtige Tochter war, viel lieber, und die andere musste alle Arbeit tun und die Dienstmagd im Hause sein. Das arme Mädchen musste sich täglich auf die große Straße bei einem Brunnen setzen und so viel spinnen, dass ihm das Blut aus den Fingern sprang.

Nun trug es sich zu, dass die Spule einmal ganz blutig war, da bückte es sich damit in den Brunnen und wollte sie abwaschen; sie sprang ihm aber aus der Hand und fiel hinab. Es weinte, lief zur Stiefmutter und erzählte ihr das Unglück. Sie schalt es jedoch so heftig und war so unbarmherzig, dass sie sprach: »Hast du die Spule hinunterfallen lassen, so hol sie auch wieder herauf.« Da ging das Mädchen zu dem Brunnen zurück und wusste nicht, was es anfangen sollte, und in seiner Herzensangst sprang es in den Brunnen hinein, um die Spule zu holen. Es verlor die Besinnung, und als es wieder zu sich kam, war es auf einer schönen Wiese, wo die Sonne schien und viele Tausend Blumen standen. Auf dieser Wiese ging es dahin und kam zu einem Backofen, der war voller Brot; das Brot aber rief: »Ach, zieh mich raus, zieh mich raus, sonst verbrenn ich; ich bin schon längst fertig gebacken.« Da trat es heran und holte mit dem Brotschieber alles nacheinander heraus. Danach ging es weiter und kam zu einem Baum, der hing voller Äpfel und rief ihm zu: »Ach, schüttel mich, schüttel mich, meine Äpfel sind alle miteinander reif.« Da schüttelte es den Baum, sodass die Äpfel fielen, als regnete es sie, und schüttelte, bis keiner mehr oben war; und als es alle auf einen Haufen gelegt hatte, ging es wieder weiter. Endlich kam es zu einem kleinen Haus, daraus guckte eine alte Frau; weil sie aber so große Zähne hatte, bekam es Angst und wollte fortlaufen. Die alte Frau aber rief ihm nach: »Was fürchtest du dich, liebes Kind? Bleib bei mir; wenn du alle Arbeit im Hause ordentlich tun willst, so soll es dir gut gehen. Du musst nur achtgeben, dass du mein Bett gut machst und es fleißig aufschüttelst, dass die Federn fliegen, dann schneit es in der Welt; ich bin die Frau Holle.«

Weil die Alte ihm so gut zusprach, fasste sich das Mädchen ein Herz, willigte ein und begab sich in ihren Dienst. Es besorgte auch alles zu ihrer Zufriedenheit und schüttelte ihr das Bett immer gewaltig auf, dass die Federn wie Schneeflocken umherflogen; dafür hatte es auch ein gutes Leben bei ihr, kein böses Wort, und alle Tage Gesottenes und Gebratenes. Nun war es eine Zeit lang bei der Frau Holle, da wurde es traurig und wusste anfangs selbst nicht, was ihm fehlte. Endlich merkte es, dass es Heimweh hatte; obwohl es ihm hier vieltausendmal

besser ging als zu Hause, so hatte es doch ein Verlangen dahin. Endlich sagte es zu Frau Holle: »Ich habe Sehnsucht nach zu Hause bekommen, und wenn es mir auch noch so gut geht hier unten, so kann ich doch nicht länger bleiben, ich muss wieder hinauf zu den Meinigen.« Die Frau Holle sagte: »Es gefällt mir, dass du wieder nach Hause möchtest, und weil du mir so treu gedient hast, so will ich dich selbst wieder hinaufbringen.« Sie nahm es darauf bei der Hand und führte es vor ein großes Tor. Das Tor wurde geöffnet, und wie das Mädchen gerade darunter stand, fiel ein gewaltiger Goldregen, und alles Gold blieb an ihm hängen, sodass es über und über davon bedeckt war. »Das sollst du haben, weil du so fleißig gewesen bist«, sprach die Frau Holle und gab ihm auch die Spule wieder, die ihm in den Brunnen gefallen war. Darauf wurde das Tor verschlossen, und

das Mädchen befand sich oben auf der Welt, nicht weit von seiner Mutter Haus; und als es in den Hof kam, saß der Hahn auf dem Brunnen und rief:

»Kikeriki,

unsere goldene Jungfrau ist wieder hie.«

Da ging es hinein zu seiner Mutter, und weil es so mit Gold bedeckt ankam, wurde es von ihr und der Schwester gut aufgenommen.

Das Mädchen erzählte alles, was ihm begegnet war, und als die Mutter hörte, wie es zu dem großen Reichtum gekommen war, wollte sie der anderen, hässlichen und faulen Tochter gerne dasselbe Glück verschaffen. Sie musste sich an den Brunnen setzen und spinnen; und damit ihre Spule blutig wurde, stach sie sich in die Finger und stieß sich die Hand in die Dornenhecke.

Dann warf sie die Spule in den Brunnen und sprang selbst hinein. Sie kam, wie die andere, auf die schöne Wiese und ging auf demselben Pfade weiter. Als sie zu dem Backofen gelangte, schrie das Brot wieder: »Ach, zieh mich raus, zieh mich raus, sonst verbrenn ich, ich bin schon längst fertig gebacken.« Die Faule aber antwortete: »Als hätt ich Lust, mich schmutzig zu machen!«, und ging fort. Bald kam sie zu dem Apfelbaum, der rief: »Ach, schüttel mich, schüttel mich, meine Äpfel sind alle miteinander reif.« Sie antwortete aber: »Du kommst mir recht, es könnte mir ja einer auf den Kopf fallen!«, und ging weiter. Als sie vor der Frau Holle Haus kam, fürchtete sie sich nicht, weil sie von ihren großen Zähnen schon gehört hatte, und begann gleich, für sie zu arbeiten. Am ersten Tag strengte sie sich sehr an, war fleißig und folgte der Frau Holle, wenn sie ihr etwas sagte, denn sie dachte an das viele Gold, das sie ihr schenken würde; am zweiten Tag aber fing sie schon an zu faulenzen, am dritten noch mehr, da wollte sie morgens gar nicht aufstehen. Sie machte auch der Frau Holle das Bett nicht, wie sich's gebührte, und schüttelte es nicht, dass die Federn aufflogen. Das wurde die Frau Holle bald müde und kündigte ihr den Dienst auf. Die Faule war damit wohl zufrieden und meinte, nun würde der Goldregen kommen; die Frau Holle führte sie auch zu dem Tor; als sie aber darunter stand, wurde statt des Goldes ein großer Kessel voll Pech ausgeschüttet. »Das ist zur Belohnung deiner Dienste«, sagte die Frau Holle und schloss das Tor zu. Da kam die Faule heim, aber sie war ganz mit Pech bedeckt, und der Hahn auf dem Brunnen rief, als er sie sah:

»Kikeriki,
unsere schmutzige Jungfrau ist wieder hie.«
Das Pech aber blieb fest an ihr hängen und wollte, solange
sie lebte, nicht abgehen.

Der Fuchs und die sieben Lesemäuschen

Wenn du denkst, dass du klein bist, und andere viel schlauer und stärker sind als du, so möchte ich dich bitten, dieses Märchen zu lesen. Oft kommt es im Leben nämlich nicht auf die Größe oder die Stärke an, sondern auf die Schläue. Ein lustiges Wort, nicht wahr? Aber das stimmt wirklich. In diesem Märchen geht es genau darum: Schlausein ist cool. Selbst ein sehr kleines Tier wie eine Maus muss sich nicht vor einem Fuchs fürchten. Aber nur, wer viel liest, kann dadurch schlau werden. Darum möchte ich dir diese Geschichte ans Herz legen und dir beim Lesen ganz viel Spaß wünschen.

s gibt tatsächlich eine Welt, die mit bloßem Auge nicht zu erkennen ist. Sie wird von ihren Bewohnern Phantasia genannt. Dort wachsen Bäume mit bunten Blättern, und in ihren Baumkronen leben geheimnisvolle Wesen, die sich gut zu verstecken wissen. In diesem Wald der Träume thront eine alte Eiche, die mit ihren knorrigen Ästen über ein sagenumwobenes Haus wacht, das ein blaues Dach und gelbe Wände hat. In diesem Haus entstehen jeden Tag neue Bücher. Sieben kleine Lesemäuse leben darin und eine Leseratte, die alt und schlau ist. Sie hat all die kleinen Lesemäuse als ihre Kinder bei sich aufgenommen. Zusammen sorgen sie dafür, dass jeden Tag neue Geschichten geschrieben werden. Die Leseratte diktiert den Text, und die Mäuse schieben die einzelnen Buchstaben zu Worten zusammen. Nach und nach werden dann aus diesen Worten richtig spannende Märchen.

Eines Tages sagte die Leseratte zu ihren Mäuschen: »Kinder, ich muss in den Wald, ich brauche frische Ideen für neue Märchen. Die Tiere in den Bäumen werden mir dabei helfen. Ihr passt bitte so lange auf die Buchstaben und die Blätter auf. Seid aber vor dem listigen Fuchs auf der Hut. Er ist schlau und hinterhältig, und er kann seine Stimme verändern. Passt also auf, wem ihr die Tür öffnet. Er könnte euch alle auffressen.« Die Lesemäuse sahen einander mit großen Augen ein wenig verängstigt an, nickten jedoch. »Wer viel liest, bleibt seinen Gegnern überlegen«, sagte die jüngste Lesemaus entschlossen und ballte ihre kleine Pfote zu einer Faust zusammen. Die alte Leseratte lächelte zufrieden. Mit schlurfenden Schritten lief sie zu einer alten Kommode und holte einen leeren Notizblock und einen Füllhalter heraus. Sie verstaute alles sorgfältig in einer Ledertasche und ließ ihren Blick durch den Raum schweifen, der von deckenhohen Bücherregalen umsäumt war. Die bunten Buchrücken ließen das geräumige Zimmer gemütlich und freundlich wirken. »Ich werde mich beeilen!«, rief die Ratte ihren Mäuschen zu und schlüpfte durch die Tür. »Keine Bange, Mutter, wir werden den Fuchs schon nicht reinlassen«, versprach das kleine Mäuschen und zwinkerte seinen Geschwistern zu.

Aber natürlich hatte der Fuchs nur auf diese Gelegenheit gewartet, und sobald die Ratte aus dem Haus war und die Mäuschen sich daran machten, die Buchstaben zu sortieren, klopfte es an der Tür. »Wer ist da?«, wollte das älteste Mäuschen wissen. »Vielleicht unsere Mutter?«, fiepten zwei Mäuschen mit zittrigen Stimmchen und nahmen sich an den Pfötchen, weil sie an den Fuchs denken mussten. »Ich bin es, eure alte Mutter«, ertönte eine krächzende Stimme. »Lasst mich rein, ich habe etwas Feines mitgebracht. Lasst mich rein, solange es noch warm ist.« Die älteste Maus war schon dabei, nach dem Türknauf zu langen, da rief das kleinste Mäuschen dazwischen: »Wenn du unsere Mutter bist, warum ist deine Stimme so anders? Sie klingt ganz rau«, fügte es hinzu und schob seine Brille die Nase hoch. »Du bist der fiese Fuchs!« »Ich habe mich an einer Mistfliege verschluckt, die mir in mein Maul hineingeflogen ist, darum klingt meine Stimme so rau«, versuchte der Fuchs, die Lesemäuse reinzulegen. »In unserem Wald gibt es keine Mistfliegen«, erwiderte das älteste Mäuschen entschieden und verschränkte mit ernster Miene die Ärmchen vor der Brust. »Dann war es eben eine Fee!«, knurrte der Fuchs. »Unsere Mutter würde niemals eine Fee essen«, rief das zweitälteste Mäusekind und sah seine Geschwister entsetzt an. Der Fuchs schlug sich erschrocken die Pfote vor das gierige Maul, als er merkte, dass er sich verplappert hatte. Die Mäuschen jubelten vor Freude, weil sie den Fuchs überführt hatten. »Du bist ein dummer, dummer Fuchs, weil du keine Bücher liest«, sangen sie fröhlich und tanzten im Kreis.

Der Fuchs biss sich vor Wut über seine eigene Dummheit in den Schwanz und jaulte vor Schmerz auf. »Na wartet, euch

werde ich noch überlisten«, murmelte er mit Tränen der Wut in den Augen und verschwand im Wald. Er musste nicht lange zwischen den Bäumen herumlaufen, denn er wurde sofort fündig. Das, was er suchte, hing an einem Ast. Es war ein Bienenstock. Die Bienen darin summten und brachten emsig süßen Honig herbei. »Der goldene Saft wird meine Stimme schön geschmeidig machen«, murmelte der Fuchs hämisch und lachte in sich hinein. Er blickte sich um, rieb die Pfoten aneinander und brach einen kleinen Zweig ab. Damit stach er in den Bienenstock und schleckte dann von dem Honig, der aus dem kleinen Loch auf den Boden tropfte. Plötzlich vernahm er ein Summen neben seinem linken Ohr. Als er den Kopf hob, um nachzusehen, wer ihn da störte, umschwirrte ihn bereits ein Schwarm wütender Bienen; dann verspürte er einen brennenden Stich, der sein Auge sofort zuschwellen ließ. Mit einem wütenden Schrei rannte er blindlings durch das Dickicht, rettete sich mit einem Hechtsprung in einen kleinen See und musste mehrmals abtauchen, bis die Bienen endlich von ihm abließen.

Wie ein Pirat, der auf einem Auge blind ist, torkelte der Fuchs zurück zum Haus der Mäuse. Sein Fell war nass und

roch nach Fisch und Krötenschleim, weil der See gar kein richtiger See war, sondern ein Schlammloch. Am Haus angelangt, klopfte er erneut an die Tür. Die Mäuschen hielten mitten in ihrem Tanz inne und lauschten angestrengt in die Stille. »Da klopft wieder jemand«, flüsterte das drittälteste Mäuschen und deutete zaghaft zur Tür. »Meine Kinderlein«, säuselte der Fuchs mit sanfter Stimme. »Macht bitte die Tür auf. Ich bin es, eure Mama. Ich habe euch etwas mitgebracht. Macht mir bitte auf, solange es noch warm ist.« Die älteste Maus griff nach dem Türknauf und war gerade dabei, den Schlüssel umzudrehen, da hielt das kleinste Mäuschen sein Näschen hoch und zog mehrmals schnuppernd die Luft ein. »Warum stinkst du dann wie eine alte Kröte?«, fragte es. Der Fuchs stampfte mit den Pfoten auf den Boden und fing wieder an zu jaulen, weil er aus Versehen auf einen Igel getreten war. »Na wartet. Ihr denkt, ihr seid schlauer als ich, nur weil ihr eure doofen Bücher lest? Ich werde euch beweisen, dass Bücher blöd und langweilig sind!«, schimpfte er, zog einen langen Stachel aus seinem großen Zeh und warf damit nach dem Igel, der sich aber zum Glück schnell im Dickicht verstecken konnte. Mit zu Fäusten geballten Pfoten trottete der Fuchs davon.

Auch dieses Mal musste er nicht lange suchen. Nach nur zwanzig Schritten kam er auf eine Wiese, die von unzähligen bunten Blumen bedeckt war. Schmetterlinge und Libellen flatterten durch die Luft. Der Fuchs überlegte nicht lange. Er legte sich einfach auf den Boden und rollte so lange über die schönen Blumen, bis er nur noch nach ihren zarten Blüten duftete.

Mit einem zufriedenen Grinsen lief er zurück zu den Mäuschen. Er legte sein Ohr an die Tür und klopfte ein weiteres Mal
an. Wieder fragte die älteste Maus: »Wer steht da vor der Tür?«
»Lasst mich rein, ihr Kinderlein«, sang der Fuchs mit zucker-
süßer Stimme. Der Honig klebte ihm immer noch zwischen
den scharfen Zähnen. Er holte tief Luft und fuhr fort: »Ich
bin es, eure Mutter. Ich habe für euch etwas Leckeres mitgebracht. Lasst mich rein, solange es noch warm ist.« Auch dieses
Mal wollte die älteste Maus die Tür öffnen, doch da mischte
sich das kleinste Mäuschen erneut ein. »Unsere Mutter wollte
für uns neue Geschichten holen gehen. Hast du eine dabei?«
»Aber natürlich«, log der Fuchs und rieb an seinem geschwolle-
nen Auge, weil es unheimlich juckte. »Wenn du unsere Mutter
bist, so kannst du bestimmt das Wort ›Mama‹ mit Leichtigkeit

buchstabieren.« »Buch was?«, stotterte der Fuchs verdutzt. Er begriff nicht, was das Mäuschen von ihm wollte. »Buchweizen?«, fragte er nach und rieb sich die Nase. Plötzlich hörte er erneut ein lautes Summen. Er hob den Kopf zum Himmel und erblickte wieder die Bienen, die von dem unwiderstehlichen Nektar der Blumen, den der Fuchs überall in seinem Fell hatte, angelockt wurden. Mit vor Angst geweiteten Augen rannte der Rotpelz erneut davon.

Völlig außer Atem blieb er schließlich stehen und hielt sich die Seite. Keuchend sah er sich um und atmete dann erleichtert auf. Er hatte die Bienen tatsächlich abgehängt. Auf einmal blieb sein Blick an etwas hängen, und ein zufriedenes Grinsen machte sich um sein Maul breit. Direkt vor seiner Nase hatte eine dicke, fette Spinne ihr Netz gespannt. Und mitten in diesem klebrigen Spinnennetz hing ein kleines Wesen und jammerte. Es war eine Fee. »Na, wen haben wir denn da?«, freute sich der Fuchs über sein Glück und trat noch ein Stückchen näher. »Bitte, Fuchs, rette mich«, wisperte die Fee flehend. »Aber nur, wenn du mir beim Buchstabensalat hilfst«, brummte der Fuchs. »Du meinst bestimmt, ob ich dir beim Buchstabieren helfen könnte, oder?«, fragte die Fee. »Sage ich doch«, knurrte der Fuchs missvergnügt. »Das mache ich gern«, antwortete die Fee, »aber befreie mich bitte zuerst aus den Fängen der bösen Spinne, sie lauert unter den Blättern und will mich verspeisen.« Der Fuchs lachte böse auf. »Ich lass mich doch von dir nicht veräppeln, du kleines Ding«, murmelte er dann. »Zuerst hilfst du mir, und dann befreie ich dich.« »Na gut. Welches

Wort ist es, bei dem ich dir unter die Arme greifen soll?«, wollte die Fee wissen und sah sich ängstlich um. »Mama«, sagte der Fuchs schnell. »Mama?«, wiederholte die Fee und schluckte. »Ja, Mama«, knurrte der Fuchs ungeduldig. »M A M A«, sprach die Fee langsam und jeden Buchstaben betonend. »Ja, MAMA! Bist du etwa taub?«, schrie der Fuchs. »Aber nein. Es sind diese vier Buchstaben«, sprach die Fee mit weinerlicher Stimme. Der Fuchs kratzte sich verwundert am Kopf, holte einmal tief Luft, schnipste mit dem Finger die Fee an und wandte sich ab, um zurück zum Haus zu laufen. Die klebrigen Fäden rissen sofort, und die kleine Fee kam frei.

Zum vierten Mal stand der Fuchs vor der Tür und klopfte an. »Wer steht da vor der Tür?«, wollte die älteste Maus mit unsicherer Stimme wissen. Der Fuchs musste sich beeilen, denn der

Honig zwischen seinen Zähnen war verschwunden und klebte ihm auch nicht mehr am Gaumen. »Lasst mich rein, meine Kinderlein, ich bin es, euer Mütterlein. Ich habe eine neue Geschichte für euch mitgebracht.« »Dann kannst du uns auch das Wort ›Mama‹ buchstabieren«, ertönte die piepsige Stimme des kleinsten Lesemäuschens. Der Fuchs grinste und rieb sich die Pfoten. Er musste noch einmal kurz überlegen, damit er bei so vielen Buchstaben nicht durcheinanderkam, und sagte dann: »M A M A.« Er wartete angespannt, was nun geschah. Vorsichtshalber hielt er schon einmal den großen Sack bereit, den er mitgebracht hatte.

Tatsächlich ging nun die Tür auf. Flink, wie der Fuchs war, schnappte er sich die erste Maus und stopfte sie in den Sack. »Das ist der fiese Fuchs! Rette sich, wer kann!«, rief das kleinste Lesemäuschen seinen Geschwistern zu und sauste davon. »Dich schnappe ich mir auch noch«, freute sich der Fuchs und angelte ein weiteres Mäuschen aus einem leeren Tintenfass. Die nächste Maus zerrte er unter dem Lesestuhl hervor, die vierte fand er hinter einer Schreibmaschine. Die fünfte Lesemaus hatte sich hinter einem Apfel versteckt. Die sechste Maus saß zitternd unter dem Bett, auch sie steckte der Fuchs zu den anderen in den Sack. Wo aber war das siebte Mäuschen, überlegte der Fuchs und verengte sein sehendes Auge zu einem schmalen Schlitz. Mit müden Gliedern fläzte er sich auf das kuschelige Sofa und sah sich suchend um. Doch irgendwann verging ihm die Lust. Sein Magen begann auch schon zu knurren, und so verließ er das Haus dennoch zufrieden, weil er

ja fast alle Mäuschen eingesackt hatte. Das jüngste Mäuschen aber war das schlaueste und hatte sich völlig bewegungslos vor ein Bilderbuch gestellt; darum hatte der fiese Fuchs es auch nicht entdecken können. Lange nachdem der Fuchs gegangen war, sackte das Mäuschen in sich zusammen und begann, leise zu weinen.

»Was ist hier geschehen?«, vernahm es plötzlich die ihm wohlbekannte Stimme seiner Mutter.

»Der böse Fuchs hat uns mit seiner Gerissenheit überlistet.«

»Also stimmt es wirklich, was mir die kleine Fee berichtet hat«, flüsterte die Mutter mit einem dicken Kloß im Hals. »Aber wir werden deine Geschwister finden und dem Fuchs eine Lehre erteilen. Komm, wir müssen uns beeilen. Ich weiß, wo er vermutlich hingelaufen ist.« Zusammen liefen sie durch den Zauberwald und hielten Ausschau nach Spuren in der weichen Erde. »Schau, da liegt der böse Fuchs und kocht schon mal das Wasser auf«, flüsterte die Ratte und deutete mit dem ausgestreckten Arm auf eine Hängematte zwischen zwei Bäumen. Darin lag der Fuchs und sang ein Lied vor sich hin. Er hatte ein Lagerfeuer gemacht. Darauf stand ein großer Topf, in dem das Wasser brodelte. »Wovor habe ich euch immer gewarnt?«, wandte sich die Leseratte an ihr jüngstes Kind.

»Vor dem Fuchs?«

»Und wovor noch?«, fragte die kluge Ratte geduldig.

»Vor dem Feuer.« Das Gesicht des Mäuschens erhellte sich. »Mit Feuer spielt man nicht«, fügte es hinzu und beobachtete aus dem Augenwinkel, wie der Fuchs mit einem langen Stock in der Glut herumstocherte. Dann warf er den Stock ins Gebüsch. »Das kommt uns ganz gelegen«, freute sich die Mutter. »Du lenkst den Fuchs ab, und ich erledige alles andere, aber sei auf der Hut und gerate ja nicht zwischen seine scharfen Krallen.« Das Mäuschen nickte und verließ auf leisen Pfoten das sichere Versteck. Es schlich sich von hinten dicht an den Fuchs heran und zog den Fiesling heftig am Schwanz. Der Fuchs stieß einen kurzen Schrei aus und plumpste aus der Hängematte auf den Boden. »Na warte«, knurrte er und hob zwei Pfoten vor die Brust. Seine spitzen Krallen glänzten gefährlich im Sonnenlicht. Das Mäuschen wich vor dem Fuchs zurück. Wo bleibt nur meine Mama, dachte es voller Furcht und wischte sich den Angstschweiß von der Stirn. Dann sah das Mäuschen seine Mutter. Sie stand mit dem glühenden Stock hinter dem Fuchs und hielt ihm die heiße Spitze direkt unter den Po. Der Fuchs schnüffelte mit der Nase und schaute sich um. Die Luft roch tatsächlich nach angesengtem Pelz, stellte das Mäuschen fest und hörte, wie der Fuchs zu schreien begann. Dann sprang er wild in die Luft und klopfte sich hektisch auf den Hintern. Jaulend floh er schließlich in Richtung See. Derweil befreite die alte Mutter ihre Kinder aus dem Sack und lief mit allen sieben Mäuschen zurück zum Haus.

Nachdem sie in Sicherheit waren, ließ sich die Mutter von ihren Kindern umarmen. Die Lesemäuschen aber versprachen ihr, nie wieder einem Fremden die Tür aufzumachen. Seitdem schreiben sie ihre Geschichten weiter und singen lustige Lieder. Der Fuchs jedoch macht einen riesigen Bogen um das Haus und weint jedes Mal, wenn er ein Feuer sieht.

Aschenputtel

»Aschenputtel« ist ein tolles Märchen: eine Emanzipationsgeschichte im wahrsten Sinne des Wortes, die auf vielen fantastischen Ebenen balanciert. Ich weiß gar nicht, welche Figur mich am meisten fasziniert: die neidischen Schwestern, die kommentierenden Tauben, der verwirrte Prinz, die grausame Stiefmutter … Viel Freude beim Lesen!

Annette Frier

inem reichen Manne wurde seine Frau krank, und als sie fühlte, dass ihr Ende herankam, rief sie ihr einziges Töchterlein zu sich ans Bett und sprach: »Liebes Kind, bleib fromm und gut, so wird dir der liebe Gott immer beistehen, und ich will vom Himmel auf dich herabblicken und will um dich sein.« Darauf tat sie die Augen zu und verschied. Das Mädchen ging jeden Tag hinaus zu dem Grabe der Mutter und weinte und blieb fromm und gut. Als der Winter kam, deckte der Schnee ein weißes Tüchlein auf das Grab, und als es die Sonne im Frühjahr wieder herabgezogen hatte, nahm sich der Mann eine andere Frau.

Die Frau brachte zwei Töchter mit ins Haus, die schön und weiß von Angesicht waren, aber garstig und schwarz von Herzen. Da begann eine schlimme Zeit für das arme Stiefkind. »Die dumme Gans soll nicht bei uns in der Stube sitzen!«, sprachen sie. »Wer Brot essen will, muss es verdienen: Hinaus mit der Küchenmagd!« Sie nahmen ihm seine schönen Kleider weg, zogen ihm einen alten grauen Kittel an und gaben ihm hölzerne

Schuhe. »Seht einmal die stolze Prinzessin, wie sie geputzt ist!«, riefen sie, lachten und führten es in die Küche. Da musste es von morgens bis abends schwere Arbeit tun, früh vor Tagesbeginn aufstehen, Wasser tragen, Feuer anmachen, kochen und waschen. Obendrein taten ihm die Schwestern alles ersinnliche Herzeleid an, verspotteten es und schütteten ihm die Erbsen und Linsen in die Asche, sodass es sitzen und sie wieder auslesen musste. Abends, wenn es sich müde gearbeitet hatte, kam es in kein Bett, sondern musste sich neben den Herd in die Asche legen. Und weil es darum immer staubig und schmutzig aussah, nannten sie es Aschenputtel.

Es trug sich zu, dass der Vater einmal in die Messe ziehen wollte, da fragte er die beiden Stieftöchter, was er ihnen mitbringen sollte. »Schöne Kleider«, sagte die eine. »Perlen und Edelsteine«, erwiderte die zweite. »Aber du, Aschenputtel«, sprach er, »was willst du haben?« »Vater, das erste Zweiglein, das Euch auf Eurem Heimweg an den Hut stößt, das brecht für mich ab.« Er kaufte nun für die beiden Stiefschwestern schöne Kleider, Perlen und Edelsteine, und auf dem Rückweg, als er durch einen grünen Busch ritt, streifte ihn ein Haselzweig und stieß ihm den Hut ab. Da brach er das Zweiglein ab und nahm es mit. Als er nach Haus kam, gab er den Stieftöchtern, was sie sich gewünscht hatten, und dem Aschenputtel gab er das Zweiglein von dem Haselbusch. Aschenputtel dankte ihm, ging zu seiner Mutter Grab und pflanzte das Zweiglein darauf und weinte so sehr, dass die Tränen darauf niederfielen und es begossen. Da wuchs es und wurde ein schöner Baum.

Aschenputtel ging alle Tage dreimal darunter, weinte und betete, und jedes Mal kam ein weißes Vöglein auf den Baum, und wenn es einen Wunsch aussprach, so warf ihm das Vöglein herab, was es sich gewünscht hatte.

Es begab sich aber, dass der König ein Fest veranstaltete, das drei Tage dauern sollte und wozu alle schönen Jungfrauen im Lande eingeladen wurden, damit sich sein Sohn eine Braut aussuchen möge. Als die zwei Stiefschwestern hörten, dass sie dort auch erscheinen sollten, waren sie guter Dinge, riefen Aschenputtel und sprachen: »Kämm uns die Haare, bürste uns die Schuhe und mache uns die Schnallen fest, wir gehen zum Ball auf des Königs Schloss.« Aschenputtel gehorchte, weinte aber, weil es auch gern zum Tanz mitgegangen wäre, und bat die Stiefmutter, sie möge es ihm erlauben. »Du, Aschenputtel«, sprach sie, »bist voll Staub und Schmutz und willst zur Hochzeit? Du hast keine Kleider und Schuhe und willst tanzen!« Als es aber mit Bitten anhielt, sprach sie endlich: »Da habe ich dir eine Schüssel Linsen in die Asche geschüttet, wenn du die Linsen in zwei Stunden wieder ausgelesen hast, so sollst du mitgehen.« Das Mädchen ging durch die Hintertür in den Garten

und rief: »Ihr zahmen Täubchen, ihr Turteltäubchen, all ihr
Vöglein unter dem Himmel, kommt und helft mir lesen,

die guten ins Töpfchen,

die schlechten ins Kröpfchen.«

Da kamen zum Küchenfenster zwei weiße Täubchen herein
und danach die Turteltäubchen, und endlich schwirrten und
schwärmten alle Vöglein unter dem Himmel herein und ließen sich um die Asche nieder. Und die Täubchen nickten mit
dem Köpfchen und fingen an, pick, pick, pick, pick, und da
fingen die Übrigen auch an, pick, pick, pick, pick, und lasen
alle guten Körnlein in die Schüssel. Kaum war eine Stunde herum, so waren sie schon fertig und flogen alle wieder hinaus.
Da brachte das Mädchen die Schüssel der Stiefmutter, freute
sich und glaubte, es dürfe nun mit auf die Hochzeit gehen.
Aber sie sprach: »Nein, Aschenputtel, du hast keine Kleider
und kannst nicht tanzen, du wirst nur ausgelacht.« Als es nun
weinte, sprach sie: »Wenn du mir zwei Schüsseln voll Linsen in
einer Stunde aus der Asche rein lesen kannst, so sollst du mitgehen«, und dachte: »Das kann es ja nimmermehr.« Als sie die
zwei Schüsseln Linsen in die Asche geschüttet hatte, ging das

Mädchen durch die Hintertür in den Garten und rief: »Ihr zahmen Täubchen, ihr Turteltäubchen, all ihr Vöglein unter dem Himmel, kommt und helft mir lesen,

die guten ins Töpfchen,

die schlechten ins Kröpfchen.« Da kamen zum Küchenfenster zwei weiße Täubchen herein und danach die Turteltäubchen, und endlich schwirrten und schwärmten alle Vöglein unter dem Himmel herein und ließen sich um die Asche nieder. Und die Täubchen nickten mit ihrem Köpfchen und fingen an, pick, pick, pick, pick, und da fingen die Übrigen auch an, pick, pick, pick, pick, und lasen alle guten Körner in die Schüsseln. Und eh eine halbe Stunde herum war, waren sie schon fertig und flogen alle wieder hinaus. Da trug das Mädchen die Schüsseln zu der Stiefmutter, freute sich und glaubte, nun dürfe es mit auf die Hochzeit gehen. Aber sie sprach: »Es hilft dir alles nichts: Du kommst nicht mit, denn du hast keine Kleider und kannst nicht tanzen; wir müssten uns deiner schämen.« Darauf kehrte sie ihm den Rücken zu und eilte mit ihren zwei stolzen Töchtern fort.

Als nun niemand mehr daheim war, ging Aschenputtel zu seiner Mutter Grab unter den Haselbaum und rief:

»Bäumchen, rüttel dich und schüttel dich,

wirf Gold und Silber über mich.«

Da warf ihm der Vogel ein golden und silbern Kleid herunter und mit Seide und Silber ausgestickte Schuhe. In aller Eile zog es das Kleid an und ging zum Fest. Seine Schwestern aber und die Stiefmutter erkannten es nicht und meinten, es müsse eine fremde Königstochter sein, so schön sah es in dem goldenen Kleide aus. An Aschenputtel dachten sie gar nicht und dachten, es sitze daheim im Schmutz und suche die Linsen aus der Asche. Der Königssohn kam ihm entgegen, nahm es bei der Hand und tanzte mit ihm. Er wollte auch mit sonst niemandem tanzen; deswegen ließ er ihm die Hand nicht los, und wenn ein anderer kam, es aufzufordern, sprach er: »Das ist meine Tänzerin.«

Es tanzte, bis es Abend war, da wollte es nach Haus gehen. Der Königssohn aber sprach: »Ich gehe mit und begleite dich«, denn er wollte sehen, wem das schöne Mädchen angehörte. Sie entwischte ihm aber und sprang in das Taubenhaus. Nun wartete der Königssohn, bis der Vater kam, und sagte ihm, das

fremde Mädchen sei in das Taubenhaus gesprungen. Der Alte dachte: »Sollte es Aschenputtel sein?«, und sie mussten ihm Axt und Hacken bringen, damit er das Taubenhaus entzweischlagen konnte; aber es war niemand darin. Und als sie ins Haus kamen, lag Aschenputtel in seinen schmutzigen Kleidern in der Asche, und ein trübes Öllämpchen brannte im Schornstein; denn Aschenputtel war geschwind aus dem Taubenhaus hinten her-abgesprungen und zu dem Haselbäumchen gelaufen. Da hatte es die schönen Kleider ausgezogen und aufs Grab gelegt, und der Vogel hatte sie wieder weggenommen; und dann hatte es sich in seinem grauen Kittelchen in die Küche zur Asche gesetzt.

Am anderen Tag, als das Fest von Neuem begann und die Eltern und Stiefschwestern wieder fort waren, ging Aschenputtel zu dem Haselbaum und sprach:

»Bäumchen, rüttel dich und schüttel dich,

wirf Gold und Silber über mich.«

Da warf der Vogel ein noch viel schöneres Kleid herab als am vorigen Tag. Und als es mit diesem Kleide auf der Hochzeit erschien, staunte jedermann über seine Schönheit. Der Königssohn aber hatte gewartet, bis es kam, nahm es gleich bei der Hand und tanzte allein mit ihm. Wenn andere kamen und es aufforderten, sprach er: »Das ist meine Tänzerin.« Als es nun Abend war, wollte es fort, und der Königssohn ging ihm nach und wollte sehen, in welches Haus es ging; aber es sprang ihm fort und in den Garten hinter dem Haus. Darin stand ein schöner großer Baum, an dem die herrlichsten Birnen hingen, und es kletterte so geschickt wie ein Eichhörnchen zwischen die Äste, und der Königssohn wusste nicht, wo es hingekommen war. Er wartete aber, bis der Vater kam, und sprach zu ihm: »Das fremde Mädchen ist mir entwischt, und ich glaube, es ist auf den Birnbaum gesprungen.« Der Vater dachte: »Sollte es Aschenputtel sein?«, ließ sich die Axt holen und schlug den Baum um, aber es war niemand darauf. Und als sie in die Küche kamen, lag Aschenputtel da in der Asche, wie sonst auch, denn es war auf der anderen Seite vom Baum herabgesprungen, hatte dem Vogel auf dem Haselbäumchen die schönen Kleider wiedergebracht und sein graues Kittelchen angezogen.

Am dritten Tag, als die Eltern und Schwestern fort waren, ging Aschenputtel wieder zu seiner Mutter Grab und sprach zu dem Bäumchen:

»Bäumchen, rüttel dich und schüttel dich,
wirf Gold und Silber über mich.«

Nun warf ihm der Vogel ein Kleid herab, das war so prächtig und glänzend, wie es noch keins gehabt hatte, und die Schuhe waren ganz golden. Als es in dem Kleid zu der Hochzeit kam, wussten sie alle nicht, was sie vor Verwunderung sagen sollten. Der Königssohn tanzte ganz allein mit ihm, und wenn es einer aufforderte, sprach er: »Das ist meine Tänzerin.«

Als es nun Abend war, wollte Aschenputtel fort, und der Königssohn wollte es begleiten, aber es entsprang ihm so

geschwind, dass er nicht folgen konnte. Der Königssohn hatte aber eine List gebraucht und hatte die ganze Treppe mit Pech bestreichen lassen: Da blieb, als es hinabsprang, der linke Schuh des Mädchens hängen. Der Königssohn hob ihn auf, und er war klein und zierlich und ganz golden. Am nächsten Morgen ging er damit zu Aschenputtels Vater und sagte zu ihm: »Keine andere soll meine Gemahlin werden als die, an deren Fuß dieser goldene Schuh passt.« Da freuten sich die beiden Schwestern, denn sie hatten schöne Füße. Die ältere ging mit dem Schuh in die Kammer und wollte ihn anprobieren, und die Mutter stand dabei. Aber sie konnte mit der großen Zehe nicht hineinkommen, denn der Schuh war ihr zu klein. Da reichte ihr die Mutter ein Messer und sprach: »Hau die Zehe ab; wenn du Königin bist, so brauchst du nicht mehr zu Fuß zu gehen.« Das Mädchen hieb die Zehe ab, zwängte den Fuß in den Schuh, verbiss den Schmerz und ging hinaus zum Königssohn. Da nahm er sie als seine Braut aufs Pferd und ritt mit ihr fort. Sie mussten aber an dem Grabe vorbei, da saßen die zwei Täubchen auf dem Haselbäumchen und riefen:

»Rucke di guh, rucke di guh,

Blut ist im Schuh:

Der Schuh ist zu klein,

die rechte Braut sitzt noch daheim.«

Da blickte er auf ihren Fuß und sah, wie das Blut herausquoll. Er wendete sein Pferd, brachte die falsche Braut wieder nach Haus und sagte, das sei nicht die rechte, die andere Schwester solle den Schuh anziehen. Da ging diese in die

Kammer und kam mit den Zehen glücklich in den Schuh, aber die Ferse war zu groß. Da reichte ihr die Mutter ein Messer und sprach: »Hau ein Stück von der Ferse ab; wenn du Königin bist, brauchst du nicht mehr zu Fuß zu gehen.« Das Mädchen hieb ein Stück von der Ferse ab, zwängte den Fuß in den Schuh, verbiss den Schmerz und ging hinaus zum Königssohn. Da nahm er sie als seine Braut aufs Pferd und ritt mit ihr fort. Als sie an dem Haselbäumchen vorbeikamen, saßen die zwei Täubchen darauf und riefen:

»Rucke di guh, rucke di guh,

Blut ist im Schuh:

Der Schuh ist zu klein,

die rechte Braut sitzt noch daheim.«

Er blickte nieder auf ihren Fuß und sah, wie das Blut aus dem Schuh quoll. Da wendete er sein Pferd und brachte die falsche Braut wieder nach Haus. »Das ist auch nicht die rechte«, sprach er, »habt ihr keine andere Tochter?« »Nein«, sagte der Mann, »nur von meiner verstorbenen Frau ist noch ein kleines, dummes Aschenputtel da; aber das kann unmöglich die Braut sein.« Der Königssohn sprach, er solle es heraufschicken, die Mutter aber antwortete: »Ach nein, das ist viel zu schmutzig, das darf sich nicht sehen lassen.« Er wollte es aber dennoch sehen, und Aschenputtel musste gerufen werden.

Da wusch es sich erst Hände und Angesicht rein, ging dann hin und neigte sich vor dem Königssohn, der ihm den goldenen Schuh reichte. Dann setzte es sich auf einen Schemel, zog den Fuß aus dem schweren Holzschuh und steckte ihn in den

Schuh; der passte wie angegossen. Und als es sich aufrichte-
te und der Königssohn ihm ins Gesicht sah, da erkannte er
das schöne Mädchen, das mit ihm getanzt hatte, und er rief:
»Das ist die rechte Braut!« Die Stiefmutter und die beiden
Schwestern erschraken und wurden bleich vor Ärger; er aber
nahm Aschenputtel aufs Pferd und ritt mit ihm fort. Als sie
an dem Haselbäumchen vorbeikamen, riefen die zwei weißen
Täubchen:

»Rucke di guh, rucke di guh,

kein Blut im Schuh:

Der Schuh ist nicht zu klein,

die rechte Braut, die führt er heim.«

Und als sie das gerufen hatten, kamen sie beide herabgeflo-
gen und setzten sich dem Aschenputtel auf die Schultern, eine
rechts, die andere links, und blieben da sitzen.

Als die Hochzeit mit dem Königssohn gehalten werden sollte,
kamen die falschen Schwestern, wollten sich einschmeicheln
und teil an Aschenputtels Glück nehmen. Als die Brautleute
nun zur Kirche gingen, war die ältere zur rechten, die jüngere
zur linken Seite: Da pickten die Tauben einer jeden die Augen
aus. Nun waren sie also für ihre Bosheit und Falschheit mit
Blindheit auf ihr Lebtag gestraft.

Der gestiefelte Kater

In unserem alten Märchenbuch war ein total witziges Bild vom gestiefelten Kater, über das ich immer noch lachen muss. Und mir gefiel als Kind, wie er alle Aufgaben listig gemeistert hat. Heute sehe ich in der Geschichte vielmehr, dass ihm der Sohn des Müllers eine echte Chance gegeben hat – mit Happy End für beide. Wer anderen hilft, sich mutig aufzumachen, gewinnt am Ende eben auch. Märchen lassen Kinder in eine unendliche Fantasiewelt eintauchen und ermutigen sie, auch als Erwachsene abenteuerliche Lesewelten zu erkunden.

s war einmal ein Müller, der hatte drei Söhne, seine Mühle, einen Esel und einen Kater; die Söhne mussten mahlen, der Esel Getreide holen und Mehl forttragen, die Katze dagegen die Mäuse wegfangen. Als der Müller starb, teilten sich die drei Söhne die Erbschaft: Der älteste bekam die Mühle, der zweite den Esel, der dritte den Kater; weiter blieb nichts für ihn übrig. Da war er traurig und sprach zu sich selbst: »Mir ist es doch recht schlimm ergangen, mein ältester Bruder kann mahlen, mein zweiter auf seinem Esel reiten – was kann ich mit dem Kater anfangen? Ich lass mir ein Paar Pelzhandschuhe aus seinem Fell machen, dann ist's vorbei.«

»Hör«, fing der Kater an, der alles verstanden hatte, »du brauchst mich nicht zu töten, um ein Paar schlechte Handschuhe aus meinem Pelz zu kriegen; lass mir nur ein Paar Stiefel machen, dass ich ausgehen und mich unter den Leuten sehen lassen kann, dann soll dir bald geholfen sein.« Der Müllersohn wunderte sich, dass der Kater so sprach, weil aber eben der Schuster vorbeiging, rief er ihn herein und ließ ihm die Stiefel anmessen. Als sie fertig waren, zog sie der Kater an, nahm einen Sack, machte dessen Boden voll Korn, band eine Schnur darum, womit man ihn zuziehen konnte, dann warf er ihn über den Rücken und ging auf zwei Beinen, wie ein Mensch, zur Tür hinaus.

Damals regierte ein König im Land, der aß so gerne Rebhühner; es war aber eine Not, dass keine zu kriegen waren. Der ganze Wald war voll, aber sie waren so scheu, dass kein Jäger sie erreichen konnte. Das wusste der Kater und gedachte, seine Sache besser zu machen. Als er in den Wald kam, machte er seinen Sack auf, breitete das Korn auseinander, die Schnur aber legte er ins Gras und leitete sie hinter eine Hecke. Da versteckte er sich selbst und lauerte. Die Rebhühner kamen bald gelaufen, fanden das Korn – und eins nach dem anderen hüpfte in den Sack hinein. Als eine gute Anzahl drinnen war, zog der Kater den Strick zu, lief herbei und drehte ihnen den Hals um; dann warf er den Sack auf den Rücken und ging geradewegs zum Schloss des Königs. Die Wache rief: »Halt! Wohin?« – »Zum König!«, antwortete der Kater kurzerhand. »Bist du verrückt, ein Kater und zum König?« – »Lass ihn nur gehen«, sagte ein anderer, »der König hat doch oft Langeweile, vielleicht macht ihm der Kater mit seinem Brummen und Spinnen Vergnügen.« Als der Kater vor den König kam, machte er eine tiefe Verbeugung und sagte: »Mein Herr, der Graf« – dabei nannte er einen langen und vornehmen Namen –, »lässt sich dem Herrn König empfehlen und schickt ihm hier Rebhühner.« Da wusste der König sich vor Freude nicht zu fassen und befahl dem Kater, so

viel Gold aus der Schatzkammer in seinen Sack zu tun, wie er nur tragen könne: »Das bringe deinem Herrn und danke ihm vielmals für sein Geschenk.«

Der arme Müllerssohn aber saß zu Hause am Fenster, stützte den Kopf auf die Hand und dachte, dass er nun sein letztes Geld für die Stiefel des Katers weggegeben habe und der ihm wohl nichts Besseres dafür bringen könne. Da trat der Kater herein, warf den Sack vom Rücken, schnürte ihn auf und schüttete das Gold vor den Müller hin: »Da hast du etwas Gold vom König, der dich grüßen lässt und sich für die Rebhühner bei dir bedankt.« Der Müller war froh über den Reichtum, ohne dass er noch recht begreifen konnte, wie es zugegangen war. Der Kater aber erzählte ihm alles, während er seine Stiefel auszog; dann sagte er: »Du hast jetzt zwar Geld genug, aber dabei soll es nicht bleiben; morgen ziehe ich meine Stiefel wieder an, dann sollst du noch reicher werden; dem König habe ich nämlich gesagt, dass du ein Graf seist.«

Am anderen Tag ging der Kater, wie er gesagt hatte, wohlgestiefelt wieder auf die Jagd und brachte dem König einen reichen Fang. So ging es alle Tage, und der Kater brachte alle Tage Gold heim und wurde so beliebt beim König, dass er im Schlosse ein und aus gehen durfte. Einmal stand der Kater in der Küche des Schlosses beim Herd und wärmte sich, da kam der Kutscher und fluchte: »Ich wünschte, der König mit der Prinzessin wäre beim Henker! Ich wollte ins Wirtshaus gehen, einmal einen trinken und Karten spielen, da sollt ich sie spazieren fahren an den See.« Wie der Kater das hörte, schlich er nach Hause und sagte zu seinem Herrn: »Wenn du ein Graf und reich werden willst, so komm mit mir hinaus an den See und bade darin.« Der Müller wusste nicht, was er dazu sagen sollte, doch folgte er dem Kater, ging mit ihm, zog sich splitternackt aus und sprang ins Wasser. Der Kater aber nahm seine Kleider, trug sie fort und versteckte sie. Kaum war er damit fertig, da kam der König dahergefahren; der Kater fing sogleich an, erbärmlich zu lamentieren: »Ach! Allergnädigster König! Mein Herr, der hat sich hier im See zum Baden begeben, da ist ein Dieb gekommen und hat ihm die Kleider gestohlen, die am Ufer lagen; nun ist der Herr Graf im Wasser und kann nicht heraus, und wenn er sich noch länger darin aufhält, wird er sich erkälten und sterben.« Wie der König das hörte, ließ er anhalten, und einer seiner Leute musste zurückjagen und von des Königs Kleidern holen. Der Herr Graf zog dann auch die prächtigen Kleider an, und weil ihm der König ohnehin wegen der Rebhühner, die er meinte von ihm empfangen zu haben, wohlgesinnt war, so musste er sich zu ihm in die Kutsche setzen. Die Prinzessin war auch nicht böse darüber, denn der Graf war jung und schön, und er gefiel ihr recht gut.

Der Kater aber war vorausgegangen und zu einer großen Wiese gekommen, wo über hundert Leute waren und Heu machten. »Wem gehört die Wiese, ihr Leute?«, fragte der Kater. »Dem großen Zauberer.« – »Hört, jetzt wird gleich der König vorbeifahren. Wenn er wissen will, wem die Wiese gehört, so antwortet: ›Dem Grafen‹; und wenn ihr das nicht tut, so werdet ihr alle erschlagen.« Darauf ging der Kater weiter und kam an ein Kornfeld, so groß, dass es niemand übersehen konnte; da standen mehr als zweihundert Leute und schnitten das Korn. »Wem gehört das Korn, ihr Leute?« – »Dem Zauberer.« – »Hört, jetzt wird gleich der König vorbeifahren. Wenn er wissen will, wem das Korn gehört, so antwortet: ›Dem Grafen‹; und wenn ihr das nicht tut, so werdet ihr alle erschlagen.« Endlich kam der Kater an einen prächtigen Wald, da standen mehr als dreihundert Leute, fällten die großen Eichen und machten Holz. »Wem gehört der Wald, ihr Leute?« – »Dem Zauberer.« – »Hört, jetzt wird gleich der König vorbeifahren. Wenn er wissen will, wem der Wald gehört, so antwortet: ›Dem Grafen‹; und wenn ihr das nicht tut, so werdet ihr alle erschlagen.« Der Kater ging noch weiter, die Leute sahen ihm alle nach, und weil er so wunderlich aussah und wie ein Mensch in

Stiefeln einherging, fürchteten sie sich vor ihm. Er kam bald an des Zauberers Schloss und trat keck hinein. Der Zauberer sah ihn verächtlich an, dann fragte er ihn, was er wolle. Der Kater verbeugte sich tief und sagte: »Ich habe gehört, dass du dich ganz nach deinem Belieben in jedes Tier verwandeln könntest; was einen Hund, Fuchs oder auch Wolf betrifft, da will ich es wohl glauben, aber in einen Elefanten, das scheint mir ganz unmöglich, und deshalb bin ich gekommen, um mich selbst zu überzeugen.« Der Zauberer sagte stolz: »Das ist für mich eine Kleinigkeit«, und war in dem Augenblick in einen Elefanten verwandelt. »Das ist beeindruckend«, sagte der Kater, »aber auch in einen Löwen?« – »Das ist auch nichts«, sagte der Zauberer, dann stand er als Löwe vor dem Kater. Der Kater stellte

sich erschrocken und rief: »Das ist unglaublich und unerhört, das hätt ich nicht im Traume gedacht; aber noch eindrucksvoller als alles andere wär es, wenn du dich auch in ein so kleines Tier, wie es eine Maus ist, verwandeln könntest. Du kannst gewiss mehr als irgendein Zauberer auf der Welt, aber das wird dir doch zu schwierig sein.« Der Zauberer wurde ganz freundlich von den süßen Worten und sagte: »O ja, liebes Kätzchen, das kann ich auch«, und sprang als eine Maus im Zimmer herum. Der Kater war sogleich hinter ihm her, fing die Maus mit einem Satz und fraß sie auf.

Der König aber war mit dem Grafen und der Prinzessin weiter spazieren gefahren und kam zu der großen Wiese. »Wem gehört das Heu?«, fragte der König. »Dem Herrn Grafen«, riefen alle, wie der Kater ihnen befohlen hatte. »Ihr habt da ein schönes Stück Land, Herr Graf«, sagte der König. Danach kamen sie an das große Kornfeld. »Wem gehört das Korn, ihr Leute?« – »Dem Herrn Grafen.« – »Ei! Herr Graf! Große, schöne Ländereien!« – Darauf kamen sie zu dem Wald: »Wem gehört das Holz, ihr Leute?« – »Dem Herrn Grafen.« Der König wunderte sich noch mehr und sagte: »Ihr müsst ein reicher Mann sein, Herr Graf; ich glaube nicht, dass ich einen so prächtigen Wald habe.« Endlich kamen sie an das Schloss, der Kater stand oben an der Treppe, und als der Wagen unten hielt, sprang er herab, machte die Tür auf und sagte: »Herr König, Ihr gelangt hier in das Schloss meines Herrn, des Grafen, den diese Ehre für sein Lebtag glücklich machen wird.« Der König stieg aus und staunte über das prächtige Gebäude, das fast größer und schöner war als sein Schloss; der Graf aber führte die Prinzessin die Treppe hinauf in den Saal, der ganz von Gold und Edelsteinen flimmerte.

Da verlobten sich die Prinzessin und der Graf, und als der König starb, wurde er König, der gestiefelte Kater aber erster Minister.

Schneepunzel

Als Kind habe ich die Wunder der Märchen geliebt, weil sie Fröschen, Spiegeln und sogar Salatpflanzen eine geheimnisvolle, magische Dimension verliehen. Als Studentin der Psychoanalyse liebte ich Märchen, weil sie die finsteren Wälder im Inneren der menschlichen Seele beschreiben und von Wegen erzählen, die uns zum Glück zurückführen. Als Autorin schließlich durfte ich Aschenputtel, Dornröschen und Schneewittchen mit einem modernen Bewusstsein ausstatten und erforschen, wie sich Wunder, finstere Seelenwälder und die Freiheit des Denkens miteinander vertragen. Hilft es uns weiter, wenn Schneewittchen im Rapunzelturm sitzt und seine Grenzen hinterfragt? Ich meine, ja. Denn nie konnten wir die Wege und die Wunder der Märchen besser gebrauchen als heute.

u bist so wunderschön! Dieses Kleid steht dir *sagenhaft* gut.«

Ich kann es nicht mehr hören. Seit ich denken kann, lässt sich meine Stiefmutter von ihrem Zauberspiegel umgarnen. Er schmeichelt ihr von morgens bis abends, und wenn sie traurig ist, ruft er betroffen: »Es tut mir so leid, Liebes! Fühl dich ganz kräftig gedrückt.« Dabei kann er auch richtig fies zu ihr sein. Zum Beispiel, wenn er ihr eine bildhübsche Prinzessin zeigt und flüstert: »Sie wohnt hinter den sieben Bergen bei den sieben Zwergen und hat ein fantastisch eingerichtetes Haus! Wirkt sie nicht unheimlich glücklich? Das liegt bestimmt an den vielen Freunden, die sie hat.« Aber egal, was der Zauberspiegel erzählt, meine Stiefmutter braucht seinen Zuspruch dringend, um mit ihrem freudlosen Leben fertigzuwerden. Die Hexe, mit der mein Vater, der ehemalige König, vor zwölf Jahren durchgebrannt ist, belegte unser winziges Königreich zum Abschied mit einem hartnäckigen Schlechtwetter-Zauber. Seitdem laufen die Geschäfte miserabel. Nur unsere Untertanen laufen gut – und zwar auf und davon. Die wenigen alten Untertanen, die uns geblieben sind, können längst nicht mehr auf den Feldern arbeiten oder ihre Hütten in Ordnung halten. Meine Stiefmutter kümmert sich um sie, und ich helfe ihr dabei, so gut ich kann.

Ich weiß nicht, wann meine Stiefmutter aufgehört hat zu glauben, dass das Wetter jemals wieder besser werden könnte. Oder zu hoffen, dass sie noch mal einem König begegnet, der sie nicht mit der erstbesten Simsalabim-Tussi betrügt. Sie nimmt ihr Schicksal klaglos hin, ganz anders als ich. Ich will nicht so enden, ich will etwas ändern! Darum schnüre ich an meinem sechzehnten Geburtstag mein Bündel und kündige an fortzugehen, in der festen Absicht, den Fluch, der auf unserem Land liegt, aufzuheben. »Hältst du das für eine gute Idee?«, fragt meine Stiefmutter. »Der Zauberwald, der unser Reich umgibt, soll sehr gefährlich sein.« »Es gab allein hundert Vermisste in den letzten drei Monaten!«, mischt sich ihr Zauberspiegel ungebeten ein. »So viele?«, fragt meine Stiefmutter entsetzt. »Hauptsächlich Katzenbabys«, antwortet er. »Hast du nicht die Zauberspiegel-Suchanzeigen gesehen?« »Gab es auch vermisste Menschen?«, frage ich. »Ja«, sagt er. »Aber die könnten auch freiwillig verschwunden sein, weil sie das Land hinter den sieben Bergen suchen.« »So oder so«, sage ich. »Ich breche noch heute auf.« Ich gebe zu, es ist nicht die reine Selbstlosigkeit, die mich antreibt. Ich will unbedingt etwas Neues sehen und erleben. Vor allem, was Liebesgeschichten angeht, bin ich in meinem Schlechtwetter-Zuhause vollkommen aufgeschmissen. Der letzte Junge meines Alters verließ unser Reich, bevor ich zwölf Jahre alt wurde.

Zu Beginn meiner Wanderung bin ich geradezu euphorisch. Doch mit jedem weiteren Tag, den ich durch das dichte Gestrüpp des Zauberwalds stapfe, schwindet meine Zuversicht. Ich begegne keiner Menschenseele, und die scheuen Eichhörnchen, Rehe und Kaninchen fliehen hektisch vor mir. Warum kann mir nicht wenigstens *eines* der hundert vermissten Kätzchen über den Weg laufen? Ich hätte nie gedacht, dass man sich so allein fühlen kann. Nach zwei Wochen ernähre ich mich nur noch von Wurzeln, Beeren und Pilzen und wünsche mir in meiner Not sogar den bösen Wolf herbei. Soll er mich ruhig bequatschen, den falschen Weg einzuschlagen, dann hätte ich wenigstens jemanden, mit dem ich reden kann. Aber der böse Wolf lässt mich im Stich, dafür beginnt es zu regnen, und es regnet drei Tage lang.

Als der Regen endlich aufhört, passiert ein Wunder: Die Sonnenstrahlen weisen mir den Weg zu einem Zaun, hinter dem ein prächtiger Garten gedeiht. Inmitten des Gartens ragt ein Turm in den Himmel, dem ich kaum Beachtung schenke. Meine Aufmerksamkeit gehört allein den saftigen Erdbeeren, Gurken, Melonen und Rapunzeln, die hinter dem Zaun wachsen. Plötzlich taucht eine Alte am Zaun auf und hält mir mehrere Rapunzeln unter die Nase. »Hier, mein Kind!«, sagt sie. »Willst du davon essen?«

»Sehr gerne, aber ich habe kein Geld, mit dem ich sie bezahlen könnte.«

»Wie wäre es, wenn du mir dafür ein wenig zur Hand gehst?«, erwidert die Alte. »Dort oben in meinem Turm muss ein bisschen aufgeräumt werden.«

Ich esse von den Rapunzeln, an Ort und Stelle. Sie schmecken besser als alles, was ich jemals gegessen habe! Kaum bin ich einigermaßen satt, zieht mich die Alte zu einem Seil, das aus dem einzigen Fenster des hohen Turms hängt. Es sieht aus wie ein verfilzter Zopf. »Klettere hinauf und mach sauber!«, befiehlt sie mir. »So, wie du es versprochen hast!« Es dauert eine kleine Ewigkeit, bis ich an dem langen Zopf-Seil die schwindelerregende Höhe erreiche, in der sich das Fenster befindet. Als ich es geschafft habe, setze ich mich auf den Sims und stecke den Kopf in das Innere des Turms. Der Anblick schockiert mich: Teller mit Essensresten stapeln sich überall, löchrige Socken und verschwitzte Kleidung bedecken Bänke und Betten, und auf dem Esstisch steht – sozusagen als Krönung – ein Nachttopf, den niemand ausgeleert hat. »Willkommen in der Hölle«, sagt ein schwarzer Fuchs, der ausgestreckt neben dem

Nachttopf liegt. Ich will ihn fragen, was das heißen soll, da löst sich das Zopf-Seil, das ich immer noch in der Hand halte, in Luft auf. Es ist nicht mehr da! Wie soll ich jetzt wieder nach unten klettern? »Die Alte ist eine Hexe«, erklärt mir der Fuchs. »Sie wird von dir verlangen, dass du so lange bleibst, bis dein Zopf vom Fenster des Turms bis in den Garten reicht.« »Unmöglich!«, rufe ich. »Da müsste mein Haar ja mindestens hundert Jahre wachsen.«

»Gut geschätzt. So lange hat es bei der letzten Gefangenen auch gedauert.«

»Du meinst«, stammle ich, »der Zopf, an dem ich heraufgeklettert bin …«

»… stammte von ihr. Die Hexe hat sich aus dem Zopf ein verzaubertes Seil gemacht, das sie jederzeit verschwinden und wieder erscheinen lassen kann. Aber das Haar wird im Laufe der Jahrzehnte spröde. Darum hat dich die Hexe in den Turm gelockt: damit sie sich eines Tages aus deinem Haar ein neues Zauberseil machen kann.«

»Und was ist aus der letzten Gefangenen geworden?«

»Die Hexe hat ihr den Zopf abgeschnitten, und danach durfte sie an dem neuen Seil in den Garten klettern und fortgehen. Ich fürchte, weit ist sie nicht gekommen, in ihrem fortgeschrittenen Alter.«

Ich bin schockiert. »Eher würde ich mich aus dem Turm stürzen, als so lange hier eingesperrt zu bleiben!« »Ja«, sagt der Fuchs unbeeindruckt. »Solche *Fälle* gab es auch schon. Im wahrsten Sinne des Wortes.« Ich wünschte, der Fuchs wäre ein dreister Lügner. Doch als die Hexe am Abend mit ihren sieben Söhnen nach Hause kommt, lässt sie mich tatsächlich nicht gehen. Ich muss bleiben, bis meine Haarspitzen den Garten erreichen. Und mehr sagt sie nicht, egal, wie viele Fragen ich ihr stelle.

Die Söhne sind genauso wortkarg wie ihre Mutter und dazu feist und buckelig. Sie nehmen mich kaum zur Kenntnis, es sei denn, sie halten mir ihre Krüge unter die Nase, weil sie neues Bier wollen. Anfangs weigere ich mich, der Hexe und ihren Söhnen zu gehorchen, und sie lassen mich gewähren. Doch die Langeweile erweist sich als quälender, als es die Arbeit ist. Außerdem kann ich die Unordnung, in der ich hausen muss, nicht ertragen, und so erledige ich Tag für Tag, was getan werden muss. Immerhin habe ich meine Ruhe, sobald die Hexe und ihre Söhne morgens über das verzauberte Zopf-Seil in den Garten geklettert sind. Sie kehren erst nach Sonnenuntergang zurück, beladen mit Eimern voller Wasser, Gemüse und anderen Vorräten, die sie auf dem Markt ertauscht haben. Sobald sie durch das Fenster in den Turm gesprungen sind, stürzen sie sich auf ihren Eintopf, trinken Bier und starren in den Zauberspiegel. Ja, auch die Hexe besitzt einen, genauso wie meine Stiefmutter. Allerdings spricht sie nie mit ihm, sondern lässt sich von ihm Dinge zeigen, an denen ihre Söhne Spaß haben. Also wilde Schlachten, ausschweifende Orgien oder Matschkürbis-Turniere. Manchmal bringt ihnen der Zauberspiegel auch Trinklieder bei, die sie grölend zum Besten geben, bis sie darüber einschlafen.

Wenn die Hexe und ihre Söhne am Morgen in den Garten hinabgeklettert sind, kippe ich den Inhalt der Nachttöpfe aus dem Fenster, weiche die Schmutzwäsche im Zuber ein, schrubbe den Boden und bereite aus Karotten, Kohl und Liebstöckel den Eintopf für den Abend zu. Währenddessen leistet mir der schwarze Fuchs Gesellschaft, der ebenso in diesem Turm eingesperrt ist wie ich. Sind wir mit der Arbeit fertig, schauen wir in den Zauberspiegel der Hexe. »Er reagiert auf deine Wünsche«, hat mir der Fuchs erklärt. »Du sagst ihm, was dir gefällt, und dann zeigt er dir mehr davon.« Der Zauberspiegel ist – neben dem Fuchs – mein einziges Glück. Er zeigt mir, was in der großen weiten Welt vor sich geht. All das, wovon ich in meinem winzigen Königreich nie etwas gehört oder gesehen habe, lerne ich über diesen Zauberspiegel kennen: die Kaiserstadt Tolovis, die Göttergärten von Taitulpan, die Steppen Gorginsters und die Eiswüsten von Fortinbrack. Das Problem ist nur: Je länger ich in diesen Spiegel schaue, desto quälender wird meine Sehnsucht. Ich will das Leben nicht nur betrachten – ich möchte es riechen, schmecken, fühlen und mittendrin sein. Ich will mitspielen. Aber das bleibt mir verwehrt, denn ich kann den Turm nicht verlassen. Die Wände sind zu steil, um nach unten zu klettern. Sogar wenn ich die Wäsche aller Söhne zu einem Seil zusammenbände, könnte ich nicht mal ein Drittel der Höhe überwinden. »Die Hexe herrscht auch im Garten«, erklärt mir der Fuchs jedes Mal, wenn ich von Flucht spreche. »Selbst wenn es dir gelänge, dort unten anzukommen, würde sie dich ganz schnell wieder einfangen. Es gibt kein Entkommen. Es sei denn, ein Prinz findet rein zufällig hierher und riskiert begeistert sein Leben, um dich zu retten. Also vergiss es, du wirst die hundert Jahre absitzen müssen.«

Ein ganzes Jahr vergeht auf diese Weise, und mittlerweile schläft der schwarze Fuchs jede Nacht auf meinem Bauch. Er hat damit angefangen, als es im Winter eisig kalt war, und weder im Frühling noch im Sommer wollte er damit aufhören. Wo der Fuchs eigentlich herkommt, verrät er mir nicht. Genauso wenig mag er über die Hexe und ihre Söhne sprechen. Manchmal frage ich mich, ob er sich überhaupt noch daran erinnern kann, wer er war und wo er hingehörte, bevor ihn die Hexe eingesperrt hat.

Die Tage verstreichen ereignislos, bis eines Morgens etwas Unglaubliches passiert: Der Prinz, von dem der Fuchs einmal

behauptet hat, dass er niemals kommen werde, springt plötzlich aus einem der Apfelbäume in den Garten, unbemerkt von der Hexe und ihren Söhnen. Mit einem Apfel in der Hand schlendert er zum Turm und blickt zu mir empor. »Bist du eine Prinzessin in Not, die sich nach der Liebe eines Prinzen verzehrt?« *Teilweise ja, teilweise nein,* möchte ich sagen. Doch eine solche Antwort erscheint mir zu umständlich in Anbetracht der Situation. Also nicke ich nur. »Du bist unglaublich schön!«, ruft er, obwohl er das von dort unten bestimmt nicht beurteilen kann. »Willst du mit mir auf mein Schloss kommen?« »Kannst du mich denn befreien?«, frage ich zurück. »Sicher«, antwortet er. »Aber dafür musst du mir deine Hand versprechen!« Meine Hand? Ist er verrückt? Ich kenne diesen Prinzen doch überhaupt nicht! »Schick ihn in die Wüste«, meint der Fuchs.

»Ja, das sollte ich. Aber er ist vielleicht der einzige Prinz, der jemals hier aufkreuzen wird, um mich zu befreien.«

»Auf alle Fälle wird er der letzte Prinz sein, den du jemals küssen wirst, wenn du ihm jetzt deine Hand versprichst.«

Das ist ein einleuchtendes Argument. Doch ich kann die Chance auf meine Befreiung nicht einfach so verstreichen lassen, deswegen sage ich: »Ich stelle dir eine Bedingung: Du holst mich hier raus, besiegst die Hexe, damit sie nie wieder Unheil anrichten kann, und erlöst mein Königreich vom Schlechtwetter-Fluch. Ist das geschehen, will ich deine Frau werden.« »Das sind drei Bedingungen!«, ruft der Prinz. Auch *das* ist ein einleuchtendes Argument. »Ja«, erwidere ich. »Man könnte aber auch sagen, dass es eine Bedingung mit drei Unterpunkten ist.« »Weißt du was?«, fragt der Prinz. »Du willst es überhaupt nicht.«

»Was?«

»Deine Freiheit, mich heiraten … all das.«

Was er da redet, ist ein Widerspruch in sich. Denn wenn ich ihn heirate, bin ich ja nicht mehr frei. »Außerdem«, fährt er fort, »habe ich das blöde Gefühl, dass du ein Mädchen bist, das ständig diskutieren will. Auf dieses moderne Zeug habe ich keine Lust. Ich bin ausgezogen, um eine Prinzessin zu retten und zu heiraten! Und ich erwarte, dass eine solche Prinzessin, wenn ich um ihre Hand anhalte, strahlt und sagt: Ja, mein Prinz, mit Freuden! Und nicht: Ich stelle dir jetzt eine Bedingung mit drei Unterpunkten.« »Ja«, sage ich betroffen. »Irgendwie hast du schon recht.«

»*Irgendwie* oder habe ich recht?«

Ich sehe meine Rettung schwinden, daher nicke ich eifrig. »Ja, du hast vollkommen recht.« »Siehst du«, sagt er. »Warum nicht gleich?« Ich kann ihn nicht leiden. »Wirst du mich jetzt

hier rausholen?«, frage ich. Er schüttelt den Kopf. »Wir passen nicht zusammen«, meint er. »Ich werde mein Glück lieber hinter den sieben Bergen bei den sieben Zwergen versuchen. Nach allem, was man so hört, wohnt dort ein liebreizendes Mädchen mit unendlich vielen Freunden.« Ich bin verzweifelt. »Willst du mich jetzt ernsthaft hier sitzen lassen? Interessierst du dich nur für dein eigenes Glück? Wenn du ein Mädchen in Not abweist, gehörst du nicht zu den Guten!« Er zuckt mit den Achseln. »Du redest einfach zu viel«, sagt er. »Ach ja – richte der Hexe meinen Dank aus für den Reiseproviant!« Mit diesen Worten zeigt er mir den Apfel, den er die ganze Zeit in der Hand gehalten hat, und beißt herzhaft hinein. »Autsch!«, sagt mein schwarzer Fuchs. Er spricht aus, was der Prinz nicht mehr sagen kann. Denn von einer Sekunde auf die andere verwandelt er sich in eine Kröte, die jämmerlich quakt. Der Anblick der Kröte, wie sie irritiert außer Sichtweite hüpft, geht mir für den Rest des Tages nicht mehr aus dem Sinn.

Als die Hexe am Abend nach Hause kommt, erwähnt sie den Vorfall mit keinem Wort. Sie und ihre Söhne reden sowieso nicht viel, es sei denn, sie streiten sich. In der Nacht liege ich wach, und am nächsten Morgen fällt es mir schwer, mich auf meine Arbeit zu konzentrieren. Das Schicksal des Prinzen hat mich aufgerüttelt. Er brach auf – genauso wie ich –, um etwas zu bewirken. Und was ist jetzt aus uns geworden? »Genug vom immer gleichen Trott?«, tönt es aus dem Zauberspiegel an der Wand. »Hinter den sieben Bergen bei den sieben Zwergen ist alles viel besser als hier! Du kannst mit den Zwergen ins Bergwerk gehen und nach Schätzen graben. Das ist lustig und macht Spaß! Womöglich ergeht es dir wie Hans im Glück: Er fand einen Goldklumpen, der war so groß wie sein Kopf. Heute hat Hans viele Freunde und ein schickes Haus, und alle lieben ihn!«

Dieser Spiegel treibt mich in den Wahnsinn.

»Du, Fuchs«, frage ich. »Bist du womöglich auch ein verwunschener Prinz, der zur falschen Zeit in den falschen Apfel gebissen hat?«

»Nein, ich bin einfach nur ein Fuchs.«

»Aber warum erzählst du mir nie, wo du herkommst? Wie bist du in diesem Turm gelandet? Warum bleiben wir *alle* irgendwann stecken, anstatt um das zu kämpfen, was wir ursprünglich einmal erreichen wollten?«

Der Fuchs schweigt, der Spiegel an der Wand ist dafür umso gesprächiger. »Bist du traurig, Liebes? Fühl dich ganz kräftig gedrückt!« Mir reicht es. Ohne nachzudenken, reiße ich den Spiegel von der Wand und werfe ihn aus dem Fenster. »Spinnst du jetzt total?«, fragt der Fuchs. Der Spiegel fliegt. In hohem Bogen segelt er in Richtung Erde, und als er mit ungeheurer Wucht dort unten aufschlägt, zerbricht er in tausend Scherben.

Das war's.

Das war der Fluch.

Ich spüre, wie die Ketten von meinem Herzen rutschen und sich in Luft auflösen. *Er* hat mich die ganze Zeit gelähmt. *Er* hat mir mein Gefängnis versüßt, sodass ich nie ernsthaft versucht habe zu fliehen. *Er* war wie der Zauberspiegel meiner

Stiefmutter. Dieser Spiegel war nie mein Freund. Auf eine Weise, die ich kaum begreife, hat mich dieser Spiegel verhext und blind gemacht. Wie blind, wird mir klar, als ich am Boden, den ich schon Hunderte Male geschrubbt habe, einen Ring entdecke. Ich ziehe daran, und schon öffnet sich eine Luke, hinter der eine verborgene Treppe zum Vorschein kommt. Der Fuchs und ich rennen die Stufen hinab, so lange im Kreis herum, bis uns ganz schwindelig ist. Am Ende gelangen wir durch eine Tür ins Freie. »Was ist mit der Hexe?«, fragt der Fuchs ängstlich. »Sie wird uns verwandeln, wenn sie uns erwischt!« Ich weiß keine Antwort auf diese Frage, doch das ist auch überflüssig, weil uns die Hexe und ihre sieben Söhne gar nicht begegnen. Stattdessen spaziert eine Magd über die Wiese unter den Obstbäumen, und sieben kräftige Ferkel springen fröhlich hinter ihr her. Wir durchqueren den gesamten Garten, bis wir auf eine Landstraße treffen. Gegenüber steht der ebenfalls erlöste Prinz an einer Haltestelle und wartet auf die Postkutsche. Es ist der »Sieben-Berge-Express«, wie dem Schild zu entnehmen ist. »Hey!«, ruft er uns zu. »Wollt ihr mitkommen?« »Nein«, antworte ich. »Ich muss zurück in mein Königreich und den Spiegel meiner Stiefmutter zerstören.«

»Und was macht ihr danach?«

»Den Kerl suchen, der die Zauberspiegel erfunden hat.«

»Und dann?«

»Bauen wir bessere Spiegel!«, ruft der Fuchs.

Seltsam, denke ich, als mein Fuchs und ich kurz darauf die Landstraße entlangwandern. Obwohl ich keinen Prinzen, kein fantastisches Haus und keine tausend Freunde habe, bin ich so glücklich wie noch nie. Und so frage ich mich: Ist dieser mysteriöse Ort, den wir »Hinter den sieben Bergen« nennen, womöglich überall? Existiert er genau da, wo wir gerade stehen oder gehen und begreifen, dass das Märchen unseres Lebens längst begonnen hat?

Ja, ich glaube, so ist es. Denn wenn wir nicht gestorben sind, dann leben wir. Und zwar: noch heute.

BIOGRAFIEN

Poppy J. Anderson stammt aus dem Ruhrgebiet, studierte Germanistik und Geschichte und schrieb gerade an einer Doktorarbeit über internationale Sicherheitspolitik, als sie per Zufall zum Selfpublishing kam. 2015 wurde sie zur ersten deutschen Selfpublisherin, die eine Million Bücher verkauft hatte. All ihre Romane kamen auf Platz 1 des Kindle-Rankings. Ihre Bücher wurden in mehrere Sprachen übersetzt. 2016 saß sie in der Jury des »Kindle Storyteller Award«. In ihrer Freizeit beschäftigt sie sich mit ihren Hunden Zipi, Anton, Pippa und Ari, verreist gerne, liebt es zu kochen und lacht so laut, dass davon die Nachbarn wach werden.

Nazan Eckes, geboren 1976 in Köln, ist eine deutsche Fernsehmoderatorin. Ihre zweite Leidenschaft sind Bücher. Sie ist selbst Autorin, war Jurymitglied des »Kindle Storyteller Award« und engagiert sich seit Jahren als Lesebotschafterin für die Stiftung Lesen.

Noah Fitz, Jahrgang 1978, hatte schon immer den Wunsch, Bücher zu schreiben und ein bekannter Autor zu werden. Im Laufe der Jahre sammelten sich bei ihm etliche Manuskripte an. Mit dem Selfpublishing bei Amazon öffnete sich für ihn eine Tür, um seinem Ziel näher zu kommen. Ein Buch zu schreiben ist, wie einen Film zu drehen, nur findet das Kino in den Köpfen der Leser statt und nicht auf der Leinwand; genau das ist am Schreiben so faszinierend für Noah Fitz.

Annette Frier, geboren 1974, zählt zu den bekanntesten Schauspielerinnen und Komödiantinnen Deutschlands, die aber auch mit einer Reihe unterschiedlicher Rollen im ernsten Fach ihre ganze Bandbreite gezeigt hat. Seit vielen Jahren spielt sie Hauptrollen in diversen Fernseh- und Kinoprojekten und wurde dafür mit verschiedenen Preisen bedacht, u.a. mit dem Deutschen Fernsehpreis, dem Bayerischen Fernsehpreis, mehrfach mit dem Deutschen Comedypreis sowie dem Jupiter in der Kategorie »Beste Schauspielerin national«. Annette Frier zieht es immer wieder zurück auf die Theaterbühne und sie wirkt als Sprecherin an zahlreichen Hörspielproduktionen mit.

Steffen Henssler, seit der Kindheit in Hamburg lebend, ist Gastronom, Buchautor, TV-Koch und Entertainer. Neben seinen vier Restaurants »Henssler Henssler«, »ONO by Steffen Henssler«, »Ahoi by Henssler« und dem »GO by Henssler« gehört dem TV-Koch auch die Kochschule »Hensslers Küche«. Außerhalb der Gastronomie fühlt er sich vor der Kamera zu Hause und moderiert verschiedene TV-Formate. Darüber hinaus steht Henssler seit 2014 mit verschiedenen Liveprogrammen auf der Bühne und reist durch Deutschland, Österreich und die Schweiz. Höhepunkt war 2018 die Weltrekordshow »Henssler tischt auf« in Frankfurt, mit der Henssler nun im »Guinness-Buch der Rekorde« steht.

Olivia Jones ist Deutschlands erfolgreichster Paradiesvogel. Mit ihren St.-Pauli-Führungen, Bars und Klubs hat sie sich deutschlandweit einen Namen gemacht. Ihre Popularität setzt Olivia Jones für ein besseres gesellschaftliches Miteinander ein. Unter anderem veröffentlichte sie mit »Keine Angst in Andersrum« ein Kinderbuch für Toleranz, Vielfalt und Respekt. Zudem schickt sie Mitglieder ihrer Künstlerfamilie zum Kampf gegen Ausgrenzung und Mobbing an Schulen, und sie durfte in Anerkennung ihres Engagements als eine von wenigen Hundert Deutschen den Bundespräsidenten mitwählen.

Friedrich Kalpenstein wurde 1971 in Freising bei München geboren und lebt heute in der Nähe von Freising im Ampertal. Im Jahr 2007 verfasste er seine erste Kurzgeschichte unter dem Titel »Träum' mir einen Freund«. Weitere Kinderbücher folgten. Seine schriftstellerische Motivation veränderte sich bald und seinen Kinderbüchern folgten humorvolle Romane für Erwachsene. Darin erzählt Kalpenstein schwungvoll und witzig von Situationen, die jeder kennt – vom ganz normalen Wahnsinn des Alltags, denn die besten Geschichten schreibt das Leben.

Joey Kelly, geboren 1972 in Spanien, wird zunächst als Musiker der Band »The Kelly Family« bekannt, die mittlerweile über 20 Millionen Tonträger verkauft hat. Zwischenzeitlich ist Joey jahrelang für die Geschäftsführung und Tourneeplanung der Gruppe verantwortlich. Über eine Wette kommt er zum Ausdauersport. Bislang hat er unter anderem über 100 Marathons, Ultramarathons und Ironmans absolviert. Zu seinen härtesten Wettkämpfen gehören beispielsweise der Wettlauf zum Südpol im deutschen Team zusammen mit Markus Lanz oder der Badwaterrun.

Peter Kloeppel, geboren 1958 in Frankfurt am Main, ist seit 1992 Chefmoderator von RTL Aktuell. Er lebt und liest am liebsten in der Nähe von Bonn und in den USA.

Jens Lehmann, geboren 1969 in Essen, feierte unter anderem als Tormann der deutschen Nationalmannschaft internationale Erfolge. Abseits vom Fußballplatz engagiert er sich für mehrere gemeinnützige Organisationen wie UNICEF oder die Laureus Foundation. Seit einigen Jahren ist er auch Lesebotschafter der Stiftung Lesen, wo er unter dem Motto »Readers are Leaders« junge Leute zum Lesen motivieren möchte.

Iny Lorentz: Hinter dem Namen verbirgt sich ein Münchner Autorenpaar, dessen erster historischer Roman »Die Kastratin« die Leser auf Anhieb begeisterte. Mit »Die Wanderhure« gelang ihnen der

Durchbruch; der Roman erreichte ein Millionenpublikum. Auch die weiteren Romane von Iny Lorentz erreichten Bestsellerplätze und wurden in zahlreiche Sprachen übersetzt. Einige ihrer Bücher wurden verfilmt und begeisterten Millionen von Fernsehzuschauern.

Frauke Ludowig ist eine der bekanntesten deutschen Fernsehmoderatorinnen; sie ist in Wunstorf in der Nähe von Hannover aufgewachsen. Nach ihrem Abitur absolvierte sie eine Ausbildung zur Bankkauffrau. Doch sie entdeckte schon sehr früh ihre Leidenschaft für das Fernsehen, und es dauerte nicht lange, bis sie ein fester Bestandteil der RTL-Familie wurde. Außerdem ist sie heute neben der Tätigkeit als Moderatorin auch als Markenbotschafterin unterwegs und engagiert sich ehrenamtlich, zum Beispiel durch die Unterstützung der Stiftung Lesen und der deutschen Schlaganfall-Hilfe.

Ingo Nommsen moderierte schon während seines Studiums an der LMU München für verschiedene Radio- und Fernsehsender, unter anderem für den Bayerischen Rundfunk und RTL. Nach seinem Abschluss als Diplomjournalist wechselte er zum ZDF. Mit der erfolgreichen Morningshow »Volle Kanne« erreicht er ein Millionenpublikum. Darüber hinaus steht er immer wieder als Schauspieler vor der Kamera und moderiert hochkarätige Galaevents wie die »Publishers' Night« oder den »Live Entertainment Award«. Mit »Erfolgsmenschen« erschien gerade sein erstes Buch.

Palina Rojinski, geboren 1985 in Leningrad, ist Moderatorin und Schauspielerin. Bekannt wurde sie vor allem durch Sendungen auf MTV, ProSieben und erfolgreiche deutsche Kinofilme. Für die Stiftung Lesen war sie schon bei mehreren Aktionen als Lesebotschafterin im Einsatz, zum Beispiel beim Bundesweiten Vorlesetag.

Birgit Schrowange, geboren 1958 in Brilon, startete ihre Fernsehkarriere Ende der Achtzigerjahre und ist eine der bekanntesten deutschen Fernsehmoderatorinnen. Für ihr Engagement gegen Kinderarmut erhielt sie im Jahre 2008 die Verdienstmedaille des Bundesverdienstkreuzes.

Halo Summer schreibt, seit sie mit vierzehn Jahren die letzten Zeilen von »Der Herr der Ringe« las und sich daraufhin schwor, eines Tages Schriftstellerin zu werden. Nach Abschluss ihres Studiums der Germanistik, Psychoanalyse und Religionswissenschaft in Frankfurt am Main volontierte sie beim »Micky Maus Magazin« und wurde Redakteurin für Kinder- und Jugendzeitschriften. Seit August 2011 veröffentlicht Halo Summer Romane für ein All-Age-Publikum. Ihre Bücher haben sich bisher eine halbe Million Mal verkauft, das Buch »Aschenkindel – Das wahre Märchen« gewann 2016 den »Kindle Storyteller Award«.

Machen Sie dieses Buch zu einem ganz persönlichen
Geschenk: Auf den folgenden Seiten ist Platz für Ihre liebsten
Geschichten und Bilder.
Teilen Sie Ihr Werk mit der Welt und posten Sie es auf
Facebook, Twitter oder Instagram mit dem Hashtag
#LesenIstEinGeschenk

s war einmal ...

ISBN 978-2-49670-179-1